〈哲学の道〉で桜の花筏を愉しむ （詳しくは 75 ページへ）

『仁和寺』の御室桜は散り際も美しい （詳しくは 77 ページへ）

『西芳寺』で苔を愛でる
（詳しくは 103 ページへ）

大原『三千院』のお地蔵さん
（詳しくは 54 ページへ）

『安楽寺』で紅葉の絨毯に息を呑む

（詳しくは 86 ページへ）

京都で雪が降ったら『銀閣寺』に行こう

（詳しくは 95 ページへ）

『正伝寺』の素朴な庭に癒やされる　（詳しくは 132 ページへ）

往時のままの庭を愉しめる『清水寺』『成就院』の〈月の庭〉（詳しくは 116 ページへ）

おひとりからのしずかな京都

柏井 壽

SB新書
585

はじめに

元号が令和に変わってからの京都は、まさに激動の時代に入りました。

もちろんそれは京都に限ったことではなく、日本中、いや世界中に起こったことなのですが、まるでジェットコースターのように急上昇したと思ったら、まるで奈落の底に落ちてしまったかのように急降下しました。

令和という元号が二〇一九年の五月からはじまり、その数か月後の秋には京都中が観光客で溢れ返り、わけてもインバウンドは頂点に達したかのような人出でした。

桜の春とともに、紅葉の秋は京都がもっともにぎわうシーズンです。昭和から平成へと時代が移るとともに、京都の紅葉をひと目見ようとするひとたちは増えるいっぽうでした。今になって振り返れば、そのピークが令和元年だったと思います。

そのころぼくは京都市内の定宿としていたホテルに籠り、原稿を書く日々を過ごしていましたが、部屋の窓から市内を眺めると、何本もの高いクレーンが空に向かって屹立《きつりつ》しているのが目に入りました。

それらの多くは新しくホテルを造るためのものだったのです。

とにかく京都にはホテルが足りない。観光業者をはじめ、積極的に観光客を誘致してきた自治体も口を揃え、それに呼応するかのように内外のホテルチェーンが京都市内に進出してきました。

あちらこちらから槌音《つちおと》が響いてきて、風情を味わうどころではありません。加えてインバウンドのお客さんたちが大声を上げて都大路を闊歩《かっぽ》します。令和元年の秋の京都は喧騒《けんそう》に満ちていました。

ホテルの建設が追い付かないせいで、民泊という名の簡易宿泊所が急増したのもちょうどこのころです。マンションの一室、古びた町家。今までふつうにひとが住んでいたところに旅人が一夜の宿を借りることになったわけですから、摩擦が起こらないわけがありません。

早朝から深夜まで、大きなキャリーバッグを転がす音が響き、部屋の外に出て談笑するひとたちの大きな声がこだまし、喧騒に拍車を掛けます。それはバスや地下鉄の車内でもおなじです。京都中が騒音に満ちていました。

一転してそれが静寂に変わったのは令和二年の春でした。

騒音どころか、しずまり返る。桜の名所から人影が消え、ひとで溢れ返っていた京都駅もまるでゴーストタウンのようになってしまいました。

こんなしずかな京都を見るのは何年ぶりだろう。都人たちは皆そう口を揃えたのです。鳥のさえずりが聞こえる。お寺の鐘の音が聞こえる。桜を散らす葉ずれの音が聞こえる。これでこそ京都だ。コロナ禍に胸をざわつかせながらも、しずけさを取り戻した京都にホッと胸を撫でおろしました。

しかし、百年前のスペイン風邪を例に引くまでもなく、パンデミックはかならずいつか収束します。となれば、また京都はいつか元に戻ります。ふたたび喧騒に満ちた京都になることでしょう。

そんなときのために、京都が本来の姿を見せる場所や時間、物語をご紹介しましょう。春秋のトップシーズンを除けば、心しずかに京都の街を愉しめるはずです。その代わり、と言ってはなんですが、いわゆる〈映え〉は期待しないでください。

今話題の、とか、今人気の、や、予約困難とか行列必至といった枕詞が付くような、SNSで自慢するようなスポットとは無縁のものばかりですから。

化粧を落とした素顔の、とでも言えばいいでしょうか。よそ行きではなく、普段着の京都はこんな感じですよ、と言いたくて書き連ねてみました。

拙著『おひとりからのひみつの京都』（ＳＢクリエイティブ）と併せてお読みいただければ、よりいっそう京都の味わいが深くなると自負しています。

京都というところは、イケズという言葉が象徴するような排他的な街ではなく、旅人をあたたかく受け入れ、やさしく包み込んでくれる街です。

どうぞごゆるりと、しずかな京都をお愉しみください。

第一章　しずかな京都の歩き方

第二章　しずかな神社仏閣をめぐる

第三章 京の言葉遣いを知る

第四章 しずかな京都を味わう

第一章

しずかな京都の歩き方

元来しずかな街だった京都

本書のタイトルに〈しずかな〉を付けたのは、ぼくの愛読書へのリスペクトでもあります。

大村しげさんというエッセイストの著書『静かな京』（講談社）は、今どきのどんな京都ガイドブックも敵わない元祖京都本です。

まだ京都本というジャンルが確立されていないころに、数々の著書を残し、今でいう〈おばんざい〉の概念を見出した料理人でもありました。

『静かな京』は目次を見ると、よくある京都名所案内本に思えてしまいますが、本文をよく読んでみると、ただの名所案内に終わることなく、仏像の鑑賞法や庭園の観方など、京都と向き合うための術が書かれた本だと分かります。

——誓願寺さんの丈六の座像の阿弥陀さんは、わたしの好きな仏さんの一つでもある。水晶のお目がやさしいときやら、こわいときやら。自分の心の揺れがわかる——

これは『清水寺』について書かれた項の一節です。

この本を今の時代に読み返してみて思うのは、「しずかな京都」ってどこにあるのだろう、ということです。

街なかから遠く離れた鄙《ひな》びたところまで行かないと、しずけさを感じられないのでは。そう思われるかたも少なくないことでしょう。

とんでもありません。

たくさんのかたが訪れておられる名所でも、ほんの少し離れるだけで、信じられないほどしずかな京都に出会うことができるのです。

というのも、もともと京都はしずかな街だったからです。

ぼくが子どものころ、つまり五十年ほども前の京都は、どこもしずかでした。隣の大阪や、修学旅行で訪れた東京などは喧騒に満ちていて、しばらくそこにいるだけで疲れてしまう。子ども心にもそう感じるほどでした。

食いしん坊だった両親に連れられてしょっちゅう大阪へ行っていました。京都にはない、安くて美味しいものを食べるためにです。

今もおなじですが、大阪にはキタとミナミがあり、その繁華街に美味しいものが溢れていたのです。今でこそ京都は美食の街と称されていますが、かつて京都は着倒れ、大阪は食い倒れの街と言われていて、食の分野では圧倒的に大阪が優位でした。

それゆえ京都のひとたちは、週末になると阪急電車や京阪電車に乗って大阪通いをしていたものです。

たしかに美味しいものには魅かれましたが、ぼくは大阪の喧騒というのが大の苦手でした。

阪急電車なら、梅田駅で特急電車を降りて阪急や阪神百貨店へ向かうのですが、通路はひとで溢れ返り、会話が聞き取れないほどの騒音に満ちていました。

その最たるものが、ミナミの心斎橋筋です。

道幅いっぱいにひとが行き交い、それが大波のようにうねるのですから、小さな子どもにとっては恐怖に近いものがありました。

情けない話ですが、大阪へ行った日の夜は、人疲れしてしまって、晩ご飯も食べずに寝てしまうことがよくありました。

それと比べるまでもありません。京都に帰ってきて、なにがホッとするかといって、しずけさほど心を安らげてくれるものはありませんでした。

そのころは京都市電が街なかを縦横に走っていて、それにさえ乗ればたいていのところへ行けたのですが、満員になることなどめったになく、いつも空いていていてしずかに走っていました。もちろん外国人観光客などめったに見かけませんでした。

歩いているときはもちろん、お寺や神社でも市電のなかでも、京都はいつもしずかでした。とりわけ歩く道筋は本当にどこもしずかで、昼間でもひとっこひとりいない道などいくらもあって、子どもには怖いくらいでした。

今もその名残を留めている道筋は少なからず存在しています。

今でこそ京都は観光産業で栄えていますが、むかしは多くの職人さんや学生さんが支える街でした。いわばふつうに暮らしているひとたちが作り上げてきたとも言えます。

お寺や神社はもちろんですが、街全体が最初から観光客を呼び込むためのものではありませんでした。

京都をテーマパークだと呼んではいけない理由です。

お祭りもしかりです。主体はあくまで神事であって、それに付随して祭礼が行われてきたことを忘れてはいけません。

しずかな京都は都人の暮らしのなかに今もそっと息づいているのです。

しずかな京都歩きは今出川辺りから

京都を女性にたとえるなら、きちんとお化粧をし、たいていは和装、ときには洋装姿を整えて、優美に歩く。そんな女性でしょうか。

ただ眺めて、ため息を吐《つ》くだけなら、それでもいいのでしょうが、より深く知りたい、もっと近付きたい、となれば、普段着の素顔こそを見てみたいとなるのが人情。

化粧を落とした素顔ならではの艶。普段着に着替え、ホッとひと息吐いたときの安らぎ。そんな自然な美しさは、当然のことながら、京の都にも多々あります。

名の知れた観光寺院で、ベルトコンベアに載せられたように、順路を辿り、ガイドブックと突き合わせ、知識をたしかめる。それはそれでいいとして、もっと京都に寄り添いたいなら、次なるステップに進みたいものです。

それには一にも二にも、歩くことです。目標を定めて歩くのも悪くありませんが、あてもなく歩くことで、くっきりと京都が浮かび上がってくるのです。

どこでもいいでしょう。京都市営地下鉄烏丸《からすま》線にでも乗り、たとえば今出川駅で降りてみましょうか。思い切って地図も持たずに足を踏み出します。

洛中を数分も歩けば、寺の侘《わ》びた山門や、社の古びた鳥居がかならず目に入ってくるはずです。ガイドブックなどにはその名前すら書かれていません。ためらわず、足を踏み入れてみましょう。そこでは思いもかけず、美しい風景に出会えるはずです。それは、狭いながらも風雅を極めた庭園だったり、静謐な空気に包まれる小さな祠《ほこら》であったり、と形は違えども、いずれも千二百年を超える京の都を、等身大に映し出しています。

ともすれば過剰な賛美に陥りがちなのが京都ガイド本の常です。

もしくは京都検定の問題になりそうな寺社ばかりを取り上げてしまい、マクロな視点に欠けてしまうのも、情報化時代の落とし穴です。

自分の目でたしかめるのが一番です。ほんの一例ですがあてもなくたとえば今出川近辺を歩けば、きっと新たな発見があるはずです。

三条通の洋館と看板

さらには街角に人知れず潜む美。これもまた、素顔の京都です。ふたたび地下鉄に乗り、今度は烏丸御池《おいけ》などで降りるとしましょう。街は碁盤の目状に整然と並んでいます。南北と東西さえたしかめれば、道に迷うこともありません。まずは三条通を歩いてみましょうか。のんびりと街並みを眺めながら歩くと、素顔の京都に、そこかしこで出会えます。

ひとつは洋館建築。ハイカラ好きの京都人を表すように、洛中のあちこちで文明開化の香りを今に残す、古い洋館が佇《たたず》んでいることに気付きます。おなじ古さでもお寺や神社の古色と洋館の古さでは、まったくといっていいほど、趣が異なります。

ヴォーリズ、武田五一、伊東忠太。錚々《そうそう》たる建築家たちの作品が、間近に見られるのもまた、京都ならではのことなのです。平安から鎌倉、室町、安土桃山と、古色蒼然たる社寺が残るなかで、明治、大正の近代建築が異彩を放つ。これもまた京都の素顔だということが、歩くとよく分かります。

大がかりな建築だけではなくずっと小さなものにも、見るべき美が京都にはあって、その象徴とも言えるのが、お店の看板です。

書家や文人の手になる看板を見上げて歩くだけでも愉しいもの。三条通から寺町通辺りのお店にはいかにも古めかしい看板

三条通の家邊《やべ》徳《とく》時計店

がいくつも掛かっています。

富岡鉄斎、北大路魯山人、武者小路実篤などなど。味わい深い書に魅かれて店に入るのも一興です。

街角の美は表だけに留まらず、館のなかに入ってもまだ続きます。

永く商う京都のお店のなかは、多くが美しい佇まいを見せています。設え《しつら》、調度、そして庭。

広々とした社寺の庭園とはまた違う、小ぢんまりとした坪庭には、京都ならではの美学が見てとれます。俗に鰻《うなぎ》の寝床と呼ばれる京町家に、上から横から、光と風を呼び込む小宇宙に今さらながら驚かされます。歩く庭ではなく、眺めて愉しむ庭はお店のかたの手入れも行き届き、それもまた商いのひとつに数えるのが京都流です。

庭から座敷に目を移すと、その床の間には、生花を従えて、掛け軸や額が掛かっています。ときには美術館顔負けのものもあって、まさに眼福なのですが、下世話な言い方をすれば、これらを無料で拝見できるのですから、京都のお店はなんとありがたいことか。

街角の小さな社寺。レトロな洋館。店の庭や設え。これらに共通するのは、素の京都です。そしてそこに美を見出す愉しみ。これが京都歩きの真髄です。

奥深い魅力を湛える京の店

どれもが、観光客を呼び込むために存在しているのではありません。ここが大きなポイントなのですが、食もまたしかりです。

そぞろ歩きのあとさきに美味しいものを食べる。これも醍醐味ですね。

食べるべきは厚化粧ではなく、京都の素顔を見せてくれる食。

観光客に向けた店と、京都人がふだん通う店とは、大きく異なります。その見分け方をいくつか。

まずは外観から。

お店の名前、表に表示された料理名、あるいは食材に〈京〉の文字が溢れていれば、それは観光客に向けたよそ行きの店であるといって、まず間違いはありません。京都人に向けて〈京〉を謳《うた》う必要はないからです。

舞台の書割よろしく、赤い毛氈《もうせん》や和傘などを店先に飾り、いかにも京都らしい空気を漂わせる店もおなじです。〈京〉を字ではなくモノで表しているに過ぎません。

つまりは、必要以上に〈京〉が浮かぶ店は、よそ行きであって、厚化粧をしているせいで、なかなか素顔を見せてくれないということなのです。

もしくは、掲示された営業時間にもその違いは見てとれます。とある祇園《ぎおん》の洋食店のように、ランチ営業は土、日、祝日のみとあれば、これはもう、間違いなく観光客に向けた店でしょう。

京都人には平日こそ必要なのですから。観光客、つまりは一見《いちげん》客だけ来てくれればいいですよ、とサインを送っていることに気付きましょう。もちろんそうした観光客のお店を好まれるならそれもまたよしですが。

いっぽうで、京都人が普段遣いにする店にも、いくつかの共通点が見られます。

それはまず堂々たる店がまえではないということです。なんとかして客を呼び入れようとする様子が、どこにも見られないのです。かといって、澄まし顔で一見客を拒むようなイヤラシさもありません。第四章で詳述しますが、至極当たり前の存在として、街なかに佇んでいて、真っ当な商いをしている店にこそ、京都人は通い詰めるのです。

一例を挙げるなら、京都五花街のひとつ、上七軒《かみしちけん》通りに暖簾《のれん》を上げる『上七軒　ふた葉』。うどん、にしんそばと墨書された提灯《ちょうちん》がさがるだけで、どこにも〈京〉の文字はありません。それでいて、窓を覆う縦格子、茶色い土壁には、京都ならではの落ち着いた佇まいが見てとれます。左京区岡崎の人気店のような大行列ができることもなく、しかし、その味わいは勝るとも劣りません。

昼下がり。ふらりと暖簾をくぐり、餡掛けの茶蕎麦に舌鼓を打つ。これぞ京都、普段着の食です。ただし毎月二十五日、北野天満宮の〈天神さんの日〉はかなり混み合いますからご注意ください。

上賀茂のおいなりさん

着飾ることのない京の都に出会えば、またきっと訪れたくなります。するとまた新たな出会いがあるのです。こうしていつしか、京都がメビウスの輪になります。

そんな街歩きの実例を挙げてみましょう。

まださほど知られていない、いわば隠れ里を歩くと、これまで京都に抱いていた概念を覆されることがしばしばあります。

そのほとんどは京の街衆が長い時間をかけて築き、代々守り続けてきたものです。当たり前のことですが、それがブームになることもなければ、〈映え〉るものでもありません。それを写真に収めてＳＮＳに投稿しても、バズることはないでしょう。

だからこそ価値があるのです。自分だけでひとりじめできるのですから。
しずかに、ひそかに愉しむ京都の街歩き。一番のお奨めは洛北です。

世界文化遺産に登録されている『上賀茂《かみがも》神社』は正式名称を『賀茂別雷《かもわけいかづち》神社』といいます。洛北きっての名所ですから、きっと多くのかたが参拝なさったことと思います。

世界遺産に登録されているだけあって、いつも境内はにぎわっていますね。初詣からはじまって、春の桜、初夏の新緑と葵祭、秋の紅葉と多くの人々が訪れますから、決してしずかとは言えません。

令和二年の冬には一の鳥居の手前に大鳥居も建てられ、令和三年の初夏には御薗橋も架け替えられて、新たな装いで参拝者を迎えています。

一の鳥居をくぐると広々とした芝生が広がり、真ん中の参道を通って二の鳥居から入ると、立砂が目に入り、おごそかな空気に包まれます。

『上賀茂神社』

小川を渡り、楼門をくぐって中門から本殿へお参り。お守りや絵馬などを授与してもらって帰路につく。大方の参拝者はこんな感じですが、片岡橋から『片山御子神社』、通称『片岡社』へもお参りしておきましょう。

この『片岡社』は『上賀茂神社』の二十四摂末社《せつまつしゃ》のなかで、第一摂社と定められている社です。社の祭神である賀茂別雷大神の母、玉依姫命《たまよりひめのみこと》は縁結びの神さまとして名高いことから、そのご利益を求めてか、かの紫式部も参拝したと伝わる、由緒正しき神社です。

しずかな京都はここからはじまります。歩くたびに『上賀茂神社』のにぎわいが少しずつ遠ざかっていき、やがて鳥の鳴き声しか聞こえなくなるのです。

『渉渓園』の〈願い石〉

橋殿から小川に沿って歩くと『賀茂山口神社』という小さな摂社があり、その前には『渉渓園』と名付けられた庭園が広がっています。ここまで来ると表参道とは打って変わって、森閑とした空気が流れ、しずけさを感じていただけると思います。

この庭園でひときわ目立つのがスダジイの巨木で

す。樹齢三百年を超えると伝わり、ひとつの根っこから何本もの樹が伸びているところから、〈睦の木〉と呼ばれていて、家庭円満にご利益があるとも言われています。

その傍らには〈願い石〉と名付けられた陰陽石が鎮座し、念じれば願い事を叶えてくださるようです。


さて、ここから左手奥、山裾に目をやると朱い鳥居が連なっているのが見えます。初めてなのに見覚えがある眺めのように感じるのは、『伏見稲荷大社』の千本鳥居が頭に浮かぶからです。

しかしながら柵が連なっていて、庭園の外には出られません。いったん細殿まで戻ってから山裾の道を歩くことになります。

ここまで来るとほとんど人影はありません。鳥居が連なる坂道の手前に石柱が建っていて、『二葉姫稲荷神社』と刻まれています。地元のひとたちは〈ふたばいなりさん〉と呼んで親しんでいますが、よほどの京都通のかたでも〈上賀茂のおいなりさん〉はご存じないかと思います。

ミニ伏見稲荷と言えば失礼でしょうか。ゆるやかな坂道に朱い鳥居が連なっていて、それをひとつひとつくぐりながら登っていくと、少しずつ神さまに近付いていくような気がします。

ここが『片岡山』とも『神宮寺山』とも呼ばれている、標高わずか一七一メートルの小さな山なのです。『上賀茂神社』の境内から少し入っただけでこんな鳥居が連なる山道があって、小さな祠に行き着くとは思えないでしょう。

何本か鳥居をくぐると急に視界が広がり、送り火の大文字で知られる如意ヶ嶽が見えます。しばし佇んでこの眺めとしずけさを満喫しましょう。

近くに住んでいるのでよくお参りに来ますが、ここでひとに出会うことはほとんどありません。しずか過ぎて怖いぐらいです。

狭いところに神さまが肩を寄せ合うように並んでおられます。

『八嶋龍神』という小さな祠があり、その右手には『御影龍神』と刻まれた石柱も建っています。ほかにも『天之斑駒神社』も建っていて、祠がひしめき合っているようです。きっとむかしはもっと広々としたところにそれぞれが祀《まつ》られていたのでしょう。

その奥にあるのが目指す『二葉姫稲荷神社』です。

稲荷大明神と書かれた大きな赤い提灯がさがっています。龍神さまがお祀りされているということは、水に関係があるのでは？　と思われたかたも多いでしょう。そうです、この辺りにはかつて池が広がっていて〈神宮寺池〉と呼ばれていたのです。この『八嶋龍神』さまはその池から見つかったと伝わっています。そしてその池のほとりに建っていたのが『神宮寺』というお寺だったのです。

目をつぶって少しその様子を思い浮かべてみましょう。なんだか神秘的な光景だと思いませんか。

『二葉姫稲荷神社』

『神宮寺』というのは、神仏習合思想に基づいて、神社に付属して建てられた寺院のことで、古くは『片山御子神社』を守る社だったようです。今ではその影も形もありませんが、『神宮寺』の礎石は今も『渉渓園』に残っていますから、きっと『片山御子神社』に隣接していたのでしょうね。『渉渓園』は〈神宮寺池〉の跡地だと言われ、そこにあった〈晴石〉が〈願い石〉となったようです。

〈晴石〉というのは、その石を叩くと雨が止むと言われていて、〈雨石〉はその逆。石を叩くと雨が降ると言われ、雨乞いの役目を果たしていました。ちなみにこの近くにあって『上賀茂神社』の摂社である『大田神社』はかきつばたで有名ですが、その池にあるのは〈雨石〉だそうです。きっと上賀茂一帯のひとたちは、雨に困ると、このふたつの石に祈ったのでしょうね。降らなくても干ばつになって困るし、降り過ぎると洪水やがけ崩れの恐れがあるし、と古《いにしえ》よりままならない雨には手を焼いてきたことでしょう。

天気予報も雨雲レーダーもないころは、まさに天にまかせるしかなかったのです。そんな時代に想いを馳せながら歩けるのも、しずかな道筋だからです。

ところでこの『二葉姫稲荷神社』。近年の台風で大きな被害を受けてしまい、荒廃ぶりを見かねた『上賀茂神社』が寄進を募り、その結果、立派な鳥居が連なるようになりました。『伏見稲荷大社』の千本鳥居にははるかに及びませんが、百本を超えると立派な観光名所になるかもしれません。そうなると〈映え〉狙いのひとたちのターゲットになるような予感がします。ぜひそうなる前に、しずかな〈上賀茂のおいなりさん〉へお参りください。

片岡山の裾野を歩く

京都は、東、北、西と三方を山に囲まれている盆地です。

それゆえ冬は底冷えし、夏は盆地特有の猛暑に襲われます。それでも比較的過ごしやすいのは南が開けているからでしょう。

晴れ間さえあれば、真冬でも南側からたっぷりの日差しが京都盆地に隈なくそそぎます。比叡颪《おろし》が吹いていてもこの日差しに癒やされるのが京都のいいところでしょう。こんなときには、〈ほっこり〉という京言葉がよく似合います。

東山、北山、西山とそれぞれに姿は異なりますが、高さにそれほどの差がないので、たおやかに連なっているように見えます。

本格的な登山というほどたいそうではなく、ハイキングの延長線上として、気軽にそれらの峰々をぐるりと歩くことができるのは存外知られていません。

〈京都一周トレイル〉と呼ばれているのがそれです。

全長は八十キロに及びますから、よほど登山慣れしていなければ、全コースを一度に周ることはできません。よく整備されたコースとはいえ、低いとはいえ、山であることは間違いありませんから、やはりそれなりの覚悟は要りますし、歩きやすい靴や服装も必要です。
しかし京都旅の一日、ハイキング気分で山歩きを愉しむのも、新たな京都の魅力を見つけることができて、健康を保つ一助にもなっていいものです。

それほど本格的なものではなく、〈京都一周トレイル〉の真似ごと、もしくはその一部を歩くしずかな道筋をご紹介しましょう。

さきほどご紹介した『片岡山』の裾野を歩く道筋ですから、いたって気楽な山歩きです。『上賀茂神社』のご神体とされている『神山《こうやま》』から連なる小さな山の裾野には、先述の『二葉姫稲荷神社』のほかにも、地元のひとしか知らないような小さな祠がいくつかあって、しずかな洛北を満喫できます。

『上賀茂神社』を起点として小一時間。標高差は最大でも百メートルほどですから、スニーカーで充分です。

そうとうな京都通のかたでも『片岡山』のことはご存じないだろうと思います。地元京都に住まうひとでも上賀茂にご縁がなければ、その名前はもちろん、どこにある山か分からないかと思います。

起点を『上賀茂神社』として、先述した『二葉姫稲荷神社』を経由すると、洛北の隠れ里歩き気分が高まると思います。

『二葉姫稲荷神社』から来た道を戻らず、東側へ降りる坂道を辿ります。『伏見稲荷大社』でもお山めぐりといって、伏見から『東福寺』方面へ降りる道筋があります。それのミニチュア版だと思ってもらえばいいでしょう。〈上賀茂のおいなりさん〉でも、小さな規模ながらお山めぐりができるのです。

東側の石段を降り切ったところの左手、路傍に〈二葉神社〉と刻まれた石柱が立っています。ここからは車が一台通るか通らないか、という細い道筋を辿りますが、きちんと舗装された道路なので安心して歩けます。

いくつも分かれ道がありますが、左へ左へと辿っていけば迷うことはありません。ただし私有地とおぼしき土地にだけは入らないよう、くれぐれもご注意ください。界隈《かいわい》は閑静な住宅街ですから、レンズを向けるときも気をつけましょう。

最初の目的地は『大田神社』です。

初夏のかきつばたが有名なので、ご存じのかたも多いかと思いますが、ここも『上賀茂神社』の摂社です。

かきつばたが咲き乱れるころには、多くのひとが訪れ、池のなかに咲くかきつばたを写真に収めようと群がりますから、しずかとは言えません。しかしそれ以外の時期は訪れるひとも少なく、心しずかに参拝することができます。

さて、ここからさらに山のなかへ分け入ることができるのですが、ほとんどひとが通ることがありませんので、ひとり歩きには向きません。下調べをしてグループで愉しまれることをお奨めします。

『大田神社』を起点に〈大田の小径〉と呼ばれる道筋が山をめぐっています。立札が立っているところは整備されていて、迷うこともありませんが、そこから先は洛北岩倉や二軒茶屋辺りまで通じるような、本格的な山道ですから、迷いこまないように気を付けてください。

『大田神社』の鳥居前のT字路角に建つ小さな祠は『福徳神社』と呼ばれる『上賀茂神社』の末社です。

小さなお社ですが、上賀茂地域の農家の元服儀式である〈さ

『大田神社』のかきつばた

んやれ祭〉が行われる神社として、地元に親しまれています。
男子が十五歳になると〈あがり〉と呼ばれ、おとなの仲間になったことを山の神さまや、田の神さま、氏神さまに報告するというたいせつな儀式は、ずっとこの神社で守り継がれているのでお参りしておきましょう。

『大田神社』

『大田神社』の池を玉垣越しに左手に見ながら東へと歩きます。
やがて緑の生垣のなかに瓦屋根の小さな建物が見え、低い石段がそこへ続いています。竹で編んだ枝折戸は閉まっていますが、その奥にはさっきの『福徳神社』よりもさらに小さな祠が見えます。ここが『幸神社』です。
詳しくは分かりませんが、〈鴨岡太《もと》神社〉の論社と推測されているようで、多くは謎に包まれています。
おなじ名の『幸神社』は寺町今出川を上がったところにあり、京都の鬼門を守るたいせつな役割を果たしています。〈サイノカミノヤシロ〉と読むのですが、幸福を招く神社とも読めるので、ご利益があるかもしれません。

『上賀茂神社』からここまで歩いて一時間もかからないはずです。これはほんの一例で、ほかにも有名な寺社の近くにしずかなルートはたくさんあるのです。

地名と職業を思い浮かべながら歩く

京都の地名には独特のものがあります。それは業種を表す町名や通りの名前です。ナントカ屋通り、とか、ナントカ屋町という感じなのですが、そんな名前にふさわしいほどたくさんナントカ屋さんがあるわけではない。けれど、そんな町名を意識しながら歩くと、いつの間にか往時の光景が浮かんでくるから不思議です。

では、どんな業種の町名があるでしょう。

五十音順に挙げてみましょう。

飴屋、糸屋、魚屋、鍛冶屋、金屋、麩《ふ》屋と数え上げれば切りがないほど、多くの業種町名が今の京都に残っています。

今の時代にはさほど需要がないのでしょう。めったに見かけることがない数珠屋さん。

京都では通りの名前や町名にしばしば登場します。

京都といえばお寺。そのお寺に馴染みが深いのが数珠。というわけで、今も名残が見られますが、かつては多くの数珠屋さんが建ち並んでいたのでしょう。『東本願寺』の近くに〈上珠数屋町通〉と〈下珠数屋町通〉とふた筋の通りがあります。

この〈下珠数屋町通〉は、『東本願寺』を越えて西に行くと〈北小路通〉と名前が変わりますが、〈油小路通〉近くには、〈珠数屋町〉という町名がありますから、きっとこの界隈は数珠屋さんだらけだったのに間違いありません。

そして〈上珠数屋町通〉のすぐ北の〈六条通〉にはその名もずばり〈仏具屋町〉という町名があります。さらに興味深いのは、この〈仏具屋町〉というのは、先ほど書きました〈珠数屋町〉のすぐ北にもう一か所、おなじ町名としてあるということです。

おなじ下京区に、しかも至近距離におなじ町名があっても混同しないのでしょうか。いささか心配になりますが、こういうときに役立つのが郵便番号です。

〈烏丸通〉近くの〈仏具屋町〉は600‐8173で、〈油小路通〉近くのほうは600‐8347なので、郵便番号さえ記載すれば、間違うことはないようです。

数珠屋も仏具屋も、至近距離におなじ通り名や町名が二か所存在しているのは、なんと

しょう。

も不思議な気もしますが、京都に詳しいかたなら、もうその理由にお気付きになったでそうです。『東本願寺』と『西本願寺』のふたつの大きなお寺にそれぞれ数珠屋さんや仏具屋さんがあったからです。

おなじ本願寺でも、東と西では微妙に流儀が異なりますから、それぞれを使い分ける必要があったのだろうと思います。

さすがはお寺の街だと感心しますが、京都はまた別の顔を持っていて、それは美食の街だということです。

京料理をはじめとして、美味しいものがたくさん集まっている京都ですから、当然のごとく食にちなむ地名も少なくありません。

先の数珠や仏具の地名から、そう遠くないところに、〈八百屋町〉、〈麩屋町〉、〈米屋町〉〈下魚棚四丁目〉など、分かりやすい職種の町名がいくつも集まって残っています。

この界隈を歩くと、きっといい匂いが漂ってきただろうと想像できます。

今では地名が残っているだけで、そんなお店が集まっているということはありません。

しかしながら、この界隈から少し西へ行くと、本当の意味での京の台所と呼ばれる、京都中央卸市場があり、全国各地から送られてきた食材がここに集まります。

それは決して単なる偶然ではなく、集まるべくしてこの地に集まってきたのです。

今はやりの言葉で言えば、人流がこの界隈に集積していたからです。その元となるのは、先述のお寺さんです。

東と西の本願寺へ参拝する善男善女は、膨大と言ってもいいほどの数で、それらの人々の食事をまかなうためには、たくさんの食材が必要となったので、この辺りに集まり、商われてきたというわけです。

数珠屋さんと八百屋さん。一見、なんのつながりもないように見えて、実は密接な結びつきがあった。そんなことも、京都の町名や通り名が教えてくれるのです。

歴史を辿りながら歩く

京都でもっとも多くの観光客を集めることで知られる『清水寺』のすぐ近くに轆轤町《ろくろちょう》という地名があります。

『清水寺』のすぐ近くには、古くからたくさんの窯元があり、その焼物は〈清水焼〉、もしくは〈京焼〉と呼ばれ、京名物のひとつに数えられていますから、お買い求めになったかたも少なくないでしょう。

轆轤というのは、焼物を作るのに使う道具ですから、それにちなんで付けられた町名が轆轤町。なるほど、と誰もが納得しますね。

ところが実は、この轆轤町、元は別の町名だったのです。

今でこそその痕跡すら見当たりませんが、かつて『清水寺』の辺りは、鳥辺野《とりのべ》と呼ばれる葬送の地でした。

今のように火葬する習慣がなかった時代は、土葬や風葬が当たり前でしたから、しかるべき場所に遺体を運ばなければいけません。洛中から少し外れた鳥辺野へ運んで行ったのです。平時なら無事に運べるのですが、疫病が蔓延《まんえん》したり、大火に遭ったりすると、おびただしい遺体が運ばれ、行列ができ、渋滞するほどになったといいます。

そうなると横着なひとは鳥辺野まで運ぶことをあきらめ、途中で遺体を置いて帰ってしまったのです。そんなわけで鳥辺野へ続く松原通近辺に遺体が散らばり、やがてそれは髑《どく》髏《ろ》と化し、あちこちに転がることになりました。

そのことから髑髏町という地名が付けられたのですが、住民にとっては気持ちのいい話ではないので、近年になって髑髏を轆轤に変えて町名としたのです。おみごとですね。

雅《みやび》な雰囲気が漂う京の都ですが、多くのひとが集まって暮らすうちには、諍《いさか》いも絶えず、大火に見舞われることも少なくありませんでした。また、昨今のコロナ禍を例に引くまでもなく、人口が多く、ひとの交流が盛んになると疫病も蔓延してしまい、多くの犠牲者が出ることになります。

その亡骸《なきがら》を運ぶ列や、行き先を思い起こさせる地名は、京都のそこかしこに今も残っています。

先の轆轤町、すなわち元の髑髏町の界隈は、あの世とこの世の境目だとされ、仏教の教えに基づく〈六道の辻〉と呼ばれています。

あの世で閻魔《えんま》大王の助手を務めながら、昼間は役人として仕えていた小野篁《おののたかむら》は、すぐ近くにある『六道珍皇寺』の井戸を伝って、あの世とこの世を行き来していたといいますから、まさしくその境界なのでしょう。しかしそんな界隈も、今は『清水寺』へお参りするひとたちが多く行き交い、かつての気配はみじんも感じられません。そこが京都という街のおもしろさであり、奥深さなのです。

そこから南へ十五分ほど歩いたところに、正面通という東西に長く伸びる通りがあります。正面というからには、なにかしらの目標物があるはずです。それはいったいなにか。

ちょっとした謎解きですね。

この謎を解くカギは豊臣秀吉にあります。

秀吉と通りの名前で言えば、真っ先に思い浮かぶのが寺町通。秀吉の京都大改造計画によって作られた、ぐるりと洛中を取り囲む塁壁の東側に沿って、たくさんのお寺が建ち並んだことから〈寺町通〉と名付けられたのですが、ごく一部を除いて、今ではずいぶんと様変わりしてしまっています。

もうひとつ、秀吉の思惑によってその名が付いた通りがあります。それが〈正面通〉です。

五条通と七条通の中ほどにあって、大和大路通から千本通まで、東西に伸びる通りですが、その名は『方広寺』というお寺の正面ということに由来しています。

今でこそ隠れた存在ですが、かつては西国随一の大仏を擁し、多くの人が参詣する寺として知られていました。この大仏建立も秀吉の発案によるもので、権威を誇示する目的だったと言われています。

このお寺の梵鐘《ぼんしょう》は、豊臣家が滅亡する切っ掛けとなったもので、今もその梵鐘は残っています。

〈国家安康　君臣豊楽〉と梵鐘に刻んだ文字は、家康を分断し、豊臣を主君とする意を込めており、まことにけしからん、というのが徳川方の主張だったのです。

イチャモンとも言える主張によって、豊臣家は滅びるのですが、『方広寺』に隣接して造営された『豊国神社』は、その名が示すように、秀吉の死後の祀り名である〈豊国大明神〉に由来します。

つまり『豊国神社』は秀吉を神として祀っている神社で、その正面に伸びる通りだから〈正面通〉となったことになります。大仏さまは消えても、神となった秀吉は残ったのです。

かくして、秀吉の思惑に沿って名付けられた通りが点在するなかで、庶民の抵抗によって名付けられた町名もあります。それが〈天使突抜《てんしつきぬけ》〉です。

五条西洞院近辺に残る町名は、『五条天神社』という神社の境内を無理やり貫いて、通りを作ってしまった秀吉に対して、周りの住民が反発し、後世にこの愚行を知らしめようとして名付けたものです。

天神さまを天使とし、それを突き抜けさせるとは、なんと罰当たりな、ということです。

よくも悪くも、秀吉の強烈な存在感は、今も京都の地名として、あちこちに残っているのです。

出水の七不思議を歩く

京都の街にはいくつか〈七不思議〉と呼ばれるものがあります。〈知恩院の七不思議〉がその代表ですが、『二条城』をはじめとして、『下鴨神社』や『永観堂』、『清水寺』、『上賀茂神社』などの寺社にも、それぞれ〈七不思議〉があります。

これらはいずれもひとつの寺社だけのお話なのですが、いくつものお寺にわたっての〈七不思議〉というのは〈出水の七不思議〉と〈新京極の七不思議〉だけかと思います。

長い都の歴史を持つ街にはかならずといっていいほど、この〈七不思議〉が存在しますが、お話だけではなく、それをつぶさに見るのも愉しい街歩きになります。

まずは〈出水の七不思議〉から。

そもそも出水とは？　からお話ししたほうがいいですね。出水は東西の通りの名前で、おおむね烏丸通から七本松通まで続いています。烏丸通のすぐ西辺りに水の湧き出るところがあり、その豊富な水量は頻繁に道路を浸水させるほどで、そこから出水通と名付けられたといいます。

京都の真ん中にありながら、しずかな通りですので、のんびりと歩きながら不思議を順に辿ることができます。

〈七不思議〉があるのは千本通辺りからです。

〈七不思議〉といいながら、そのうちのいくつかは消え、あるいは痕跡だけが残り、あるいはこの目でたしかめることが叶わぬものもあります。

最初は『華光寺《けこうじ》』からです。このお寺にはかつて、七不思議のうちのふたつがありました。どちらも樹木にかかわるものというのがおもしろいところです。

ひとつは〈時雨松〉。どんなに晴れた日でも、枝の先から雫を落とし、まるで時雨のようだったと伝わっています。もうひとつは〈五色の椿〉。五つの色の花が咲いたという、なんとも珍しい椿。惜しむらくは、その二本の木はともに枯れてしまったということです。今も存在していれば、きっと多くのひとが訪れたことでしょう。

その向かいにある『光清寺《こうせいじ》』。ここの不思議はレプリカではありますが現存していて、その一端をうかがい知ることができます。

境内に建つ〈弁天堂〉。ここに掲げられている絵馬をよく見てみましょう。牡丹の花と猫が描かれていますね。これが〈浮かれ猫〉と言われる七不思議のひとつです。

今ではその面影すらありませんが、かつてこの界隈には遊郭があり、そこから艶っぽい三味線の音が聞こえてくると、絵馬に描かれた猫が浮かれ出てきて、遊女に化けて舞い踊るので、困り果てたご住職が法力を使って猫を絵馬に閉じ込めたといいます。

ところがその夜になって、ご住職の夢枕に立派なお侍さんが立ったといいます。

実はその夢に現れたお侍さんは猫が化けた姿だったのです。許しを乞う様子を哀れんだご住職はしかたがないとばかり、法力を解いてやりました。

それから猫は絵馬から出てこなくなりましたが、この話を聞いた遊郭の女性たちが参詣するようになり、人気を集める商売にご利益があるとの話も広まり、多くの信仰を集めるようになったのです。

『光清寺』のすぐ隣に建つのが『五劫院《ごこういん》』。ここには〈寝釈迦〉という不思議が残されています。

このお寺は非公開の寺院ですが、〈寝釈迦〉は境内の外にあるので、つぶさに見ることができるのがありがたいところです。

『五劫院』のくぐり戸の前に立って見上げてみましょう。渦巻状の木目が目に入りますね。その木目をよく目を凝らして見てみると、なんとなくひとが寝ている恰好に見えてきませんか。向かって右側を頭にして横になっているように見えます。

これが〈寝釈迦〉と呼ばれる不思議で、横になっているのはお釈迦さまなのです。西向きですから、西方浄土に頭を向けていると伝わっています。ありがたいお姿に手を合わせておきましょう。

最後は『観音寺』です。

〈七不思議〉のひとつに数えられているのはこの寺の山門で、通称を〈百叩きの門〉といいます。

楠の一枚板で作られたというこの門は、かつて桃山にあった牢獄の門を移築したものだそうです。囚われていた罪人が解放される際は、この門の前で百回叩かれたことから〈百叩きの門〉と呼ばれていました。その怨嗟《えんき》からでしょうか。ここに移築されてからも、夜ともなれば、この門の辺りからすすり泣く声が聞こえるのです。

憐《あわ》れんだ住職が百日のあいだ断食し、念仏を唱え続けたら、たちどころにその声が消えたのだそうです。

というような伝承がこの界隈のお寺に伝わっていますが、ほかにも『福勝寺』の〈左近桜〉や『玉蔵院』の〈幽霊の掛け軸〉、『地福寺』の〈日限薬師〉、『極楽寺』の〈三つ門〉や〈金谷水〉などを〈七不思議〉に数えることもあって、どれを七つに数えるかは定かでありません。

ここ出水だけでなく、七不思議という言葉の語呂がいいので、そう呼んでいるだけであって、必ずしも不思議の数は七つとは限らないようです。

新京極の七不思議を歩く

〈出水の七不思議〉に比べると、ずいぶんにぎやかな通りが舞台になりますが、〈新京極の七不思議〉も京都らしい逸話が残されていますので、観光シーズンを外して、ぜひ辿ってみてほしいと思っています。

新京極通というのは、明治時代になってから作られた、京都のなかでは比較的新しい通りです。

京極というのは、古く平安京のときに東西の極み、つまり果てだったところのことを言い、東の果て、東京極大路は寺町通でした。

それよりさらに東の果ての通りとなったので、新京極通と名付けられたのでしょう。通りができた当時は、芝居小屋や見世物小屋が建ち並び、庶民の遊興の場として大いににぎわっていたそうです。

今もその名残があって、土産物屋さんが建ち並んでいることから、修学旅行生がかならず立ち寄る通りとしても知られています。芝居小屋のあとは映画館が次々と建ち、ぼくもよく映画を観に行ったものですが、それもほとんどなくなってしまいました。

寺町通に近いこともあって、通りとしては比較的新しいのですが、〈七不思議〉にはいくつもの古くからの言い伝えがあります。

新京極通は三条通から四条通までという短い通りですが、三条通から入って南へ向かおうとすると、最初の不思議に出会います。

見た目にもすぐ分かりますが、道はゆるやかな下り坂です。ここを〈たらたら坂〉と呼んでいますが、これがなぜ不思議かと言えば、平行して通っている西側の寺町通も、東側の河原町通も平坦で坂になっていないからです。たしかに不思議ですね。

少しばかり南に歩くと二番目の〈七不思議〉、『誓願寺』の〈迷子の道しるべ〉が左手に見えてきます。

山門の外隅にある石柱の正面には〈迷子みちしるべ〉と刻まれているのが見えますね。そして右側を見てみると〈教しゆる方〉、左側には〈さがす方〉と刻まれています。

もうお分かりですね。迷子だけではなく、失せものを探すとき〈さがす方〉に探しものと名前を記した紙を貼っておき、迷子や失せものを見つけたひとは〈教しゆる方〉に情報を書いて貼っておく、という掲示板的なシステムだったのです。遊興施設が建ち並ぶ界隈ですから、迷子も多かったのでしょうね。

これとおなじような石が『八坂神社』や『北野天満宮』にもあって、それぞれ〈月下氷人石〉、〈奇縁氷人石〉と呼ばれています。どちらも人出が多い場所ですから役割はおなじです。

おなじ『誓願寺』の〈阿弥陀如来像〉が三番目の〈七不思議〉です。

日本で最初に人体解剖をした山脇東洋はある夜、無実を訴える死刑囚の夢を見ます。それは自分が解剖した罪人で、五臓六腑を取られて成仏できないと訴えたのです。

そこで東洋は、胎内に内臓を持つ阿弥陀如来像を作らせ、菩提寺であるここ『誓願寺』に安置して霊を鎮めようとしたのです。残念ながら像は蛤御門《はまぐりごもん》の変で焼失しましたので、拝むことはできません。

四番目は〈倒《さか》蓮華の阿弥陀像〉です。

こちらは『安養寺』にあるのですが、ご本尊である阿弥陀如来立像の台座の蓮の花が下向きになっているのです。

阿弥陀如来立像が完成し、台座に載せるとヒビが入ってしまいました。別の台座を用意し安置しますが、またおなじように台座にヒビが入ってしまう。これを三度繰り返したある夜、夢枕に立った阿弥陀さまいわく、「往生するとき、男性は蓮の花が上向きに咲くが、女性は下向きに咲くので往生できないという者がいる。女性もちゃんと往生できることを証明するために蓮を逆さにしなさい」。

『安養寺』は〈女人往生〉で信仰を集めています。なお、〈倒蓮華の阿弥陀像〉は窓越しに阿弥陀如来像が見えますが、逆さになった台座は見えません。特別拝観のときは見えるようです。

五番目の不思議は、陰陽師安倍晴明の座像が安置されている『長仙院』春日大明神の前に植わる〈未開紅《みかいこう》の梅〉です。つぼみのあいだは紅色なのに、開くと真っ白な梅の花が咲く不思議な梅の木なのです。

六番目はなにも不思議ではない〈七不思議〉。和泉式部が初代の住職を務めた『誠心院』に建つ〈和泉式部塔〉が〈七不思議〉のひとつに数えられているのですが、そのどこが不思議なのか、そもそもそれが不思議、というややこしい話です。

七番目は〈染殿院の地蔵尊〉。なにが不思議かといえば、地蔵さまが裸だからだそうですが、空海が彫ったものと伝わるだけに秘仏とされ、五十年に一度しか公開されないので、残念ながらまだ拝見したことがありません。高さが二メートルほどもある立像だというのですから、一度は拝みたいものです。

〈新京極の七不思議〉。どれもなかなかおもしろい逸話が残されています。

街角信仰を見て歩く

京都の街角を歩いていると、目に付くもの、気に掛かるものが多く存在します。たとえば小さな祠に祀られたお地蔵さま。

いわゆる旧市内であれば、どんな小さな町内でも、かならず一か所はお地蔵さまがいらっしゃいます。

小さな涎《よだれ》掛けは常に新調され、供花も枯れることはありません。誰が世話しているかといえば、その町内の誰か、です。子どもを守るとされるお地蔵さまをみんなで守る。それが都人の倣いなのです。

もしも京都の街なかを歩いていてお地蔵さまを見つけたら、しばらく観察してみましょう。その前を通るひとが観光客か、地元のひとかをすぐ見分けられます。

　立ちどまって手を合わせる。あるいは一礼する。決して素通りしないのは地元のひとのあかしです。もちろん今の時代の若いひとたちはそうではないかもしれませんが。

　子どもは宝ものだという思いを強く持っているのが古くからの都人です。その子どもを守ってくださるお地蔵さまをたいせつに敬うのは当然のことなのです。

　その集大成とも言えるのが、盂蘭盆会《うらぼんえ》が終わったあとに京都の町内で行われる地蔵盆。ぼくが子どものころは、これが夏休みの一番の愉しみでありながら、八月末に行われるこの地蔵盆は、夏休みに引導を渡す、というせつない行事でもありました。

　お地蔵さまという身近な存在から、都人は子どものころから仏さまを崇めるようになります。難しい教義などはさておき、像という形で仏さまは存在し、自分たちを見守っていてくださる。自然とそんなことを覚えるのです。

　子どものころは神さまと仏さまの区別が付きませんから、神社もお寺も、ある意味ではおなじ存在です。お寺の門の前を通るとき、神社の鳥居をくぐるとき、一礼する習慣が身についてしまいます。

　街角ではなく、寺の境内にひっそりと佇むお地蔵さまも、またおなじように、都人にこよなく愛されています。

洛北は大原『三千院』の、苔むした庭と同化しているような、愛らしいお地蔵さま、おなじく洛北の『圓光寺』の石仏など、いわゆる仏像とはまた違って、親しみの持てる仏さまをあちこちの寺で見かけることができるのも、京都の魅力のひとつです。

お地蔵さまに出会ったら、まずは手を合わせて感謝し、子どもや家族の無事を願うのが京都の流儀なのです。

『圓光寺』のお地蔵さま

お地蔵さまは目線とおなじ高さか、少しばかり下にありますが、上を見上げてみると、また違うものが目に入ります。民家の小屋根の上に置かれた瓦の像。これは鍾馗《しょうき》さまです。鍾馗さまはもともとが中国に伝わる神さまで、魔除けの象徴だったのが、日本に伝わってきてからも、厄除けとして崇《あが》められるようになりました。
端午の節句に五月人形として飾る風習は日本各地に見られますが、年中、小屋根に置いて厄除けとする習わしがあるのは京都を中心とした、近畿から中部にかけての一部の地方だけだと言われています。

むかし京の薬屋さんが大屋根の上に鬼瓦を葺《ふ》くと、向かいの家の住民が病に伏せてしまいました。病はいっこうに治らず、ひどくなるいっぽうです。

これはきっとあの鬼瓦のせいだとなり、鬼より強いと言われる鍾馗さまを小屋根に据えたところ、たちまち病が癒えたことからはじまったとされています。

町家の小さな守り神、鍾馗さま

鬼瓦はもともと邪悪を跳ねのけるために葺かれたものです。その鬼瓦に跳ね飛ばされたた邪悪を、再度鍾馗さまが跳ねのけてくださったというわけです。
鍾馗さまどうしが向かい合うと、おなじことが繰り返されるので、後から鍾馗さまを据えるときは、かならず向かい合わないよう、斜めにずらすようにします。西陣辺りの古い民家や商家をよく見ると、かならず鍾馗さまの視線が合わないようになっているはずです。これが都人の心得なのです。

京都の街なかを歩いていて道に迷ったら、グーグルマップに頼らずとも方角をたしかめる方法があります。

民家でも商家でもビルでもかまいません。建物が建つ敷地の角を見てみましょう。そこに柊《ひいらぎ》や南天の木が植えてあれば、それが東北の角です。

東北は鬼門にあたるので、鬼が棘《とげ》のある葉を嫌がる柊の木や、難が転じるという語呂合わせから南天の木が植えられています。木がない場合は敷地の角に白砂をまいて清めてあるか、角をなくして斜めにしてあるか。なにかしらの策を講じて鬼門を封じようとしているはずです。注意が必要なのは、南西の方角にあたる裏鬼門にもおなじことが言えることです。

ことほどさように、京都のひとたちは街角信仰を守り続けていて、信仰の対象が明確な神仏だけではないことが街を歩いているとよく分かるのです。

しずかにコーヒーを味わう

歩き疲れたら、喫茶店で一息つきましょう。

京都では今、コーヒーがブームの様相を呈しています。

コーヒーというふつうの飲みものがブーム、というのもおかしな表現かもしれませんが、にわかにコーヒー専門店が増え、どこも行列ができたりするほど人気なのです。

キーワードは〈こだわり〉です。

豆にこだわり、焙煎《ばいせん》にこだわり、挽《ひ》き方にこだわり、淹《い》れ方にこだわり、と、ずっとこだわりっぱなしのお店にお客さんが集まるようです。

そもそも〈こだわり〉という言葉は称賛ではなく、非難されるような言葉だったのですが、いつの間にか美辞になってしまいました。

〈そんな些細《ささい》なことにこだわっていたら立派な人間になれないぞ〉というのが、本来の語法だったのですが、時代とともに言葉の意味も変わってくるのでしょう。

それはさておき京都のコーヒー。長くその王者ともいうべき位置に君臨しているのが『イノダコーヒ』です。京都の朝はイノダのコーヒーではじまる。誰からともなく、そんな言葉が伝わっています。

京都に行けばまずは『イノダコーヒ』に行かなくては。そう思って初めて『イノダコーヒ』でコーヒーをオーダーしたひとは、かならず面喰らったものです。

なにも言わなければミルクと砂糖が入ったコーヒーが出てきたからです。

今では別添えにすることも可能ですし、場合によってはお店のかたがミルクと砂糖をどうするか訊いてくることもあるらしいのですが、京都人にとってイノダのコーヒーといえば、ミルクと砂糖が最初から入っているものなのです。

諸説ありますが、コーヒーを頼んだ客が話し込んでしまったり、新聞や本を読むのに夢中になってしまい、冷めはじめてから砂糖を入れて溶けなくならないように配慮したという説が有力です。

このお話を聞いて思うのは、むかしの喫茶店は会話や読書の場で、飲み物はあくまでその仲介役だったということです。コーヒーが出過ぎてじゃまにならないよう、という配慮があったのです。

今のコーヒーブームはそれとは対照的で、まったく逆になってしまったようです。

コーヒーそのものを味わうのなら、〈こだわり〉をアピールするコーヒー屋さんへ。コーヒーを飲む時間を愉しむなら、〈こだわり〉を内に秘めたお店を訪ねることをお奨めします。コーヒーが美味しくても喫茶という名が付きますが、最近ではこの手の老舗喫茶店もブームになっているようで、ふらりと入ることが難しくなってきました。

『フランソア喫茶室』、『ソワレ』、『築地』。京都三大老舗喫茶とでも呼べばいいでしょうか。とてもいいお店ばかりなのですが、人気店にお客さんが集中する風潮の例外ではなく、思いついたときにしずかに過ごすというわけにはいかなくなりました。

そんななかでお奨めしたいのが、『柳月堂』という昭和二十八年創業の、パン屋さんの喫茶店です。

出町柳駅のすぐそばに、地元で長く愛されているパン屋さんがあって、その店の二階に喫茶店があるのです。

赤レンガにガラスの格子窓、重厚なアンティーク家具と、軽さを売り物にする今どきのカフェとはまったく逆の調度が目を引きます。

コーヒーメニューは、ホット、アイス、アメリカン、カフェオレ、ウィンナーと、シンプルかつオーソドックスなラインナップです。

おだやかな味わい。この店でコーヒーを飲むといつもこの言葉が浮かびます。

この店がおもしろいのは、喫茶スペースがふたつに分かれていることです。

ひとつは談話室。もうひとつはリスニングルーム。いわゆる名曲喫茶です。前者はその名のとおり気楽に過ごせますが、後者は会話も原則禁止、パソコンを使うことも、上着を着脱することも禁じられているほど、静寂を守る空間になっています。これ以上しずかな喫茶店はほかにありませんね。

京都の中心地でもある祇園にあって、しずかにコーヒーを愉しめるお店も二軒紹介しておきましょう。

祇園石段下、『八坂神社』の西門からすぐ西の四条通に面したお店は『祇園喫茶カトレヤ』。古くはこの店の辺りも『八坂神社』の境内だったので、神社とおなじ水脈から湧き出るご神水で淹れたコーヒーを味わうことができます。

四条通の喧騒が嘘のように、一歩お店に入るとしずかな空気に包まれているのもありがたいところです。

もう一軒は『南座』のすぐ近くにある『ラテン』。縄手通に面したビルの一階にあって、トリコロールカラーの看板が目印です。ネルドリップで淹れたコーヒーはどこか懐かしさを感じる味わいで、ほっこりと和めます。分煙ではなく、完全禁煙になれば、と思いますが、かつての喫茶店は一服愉しむのもその魅力のひとつだったなと思いなおしたりします。

紅茶の香りを愉しむ

喫茶店と名が付きながら、コーヒーが主役を張るようになってしまい、紅茶の影が薄くなったのは、なんとも残念なことです。

先にも書きましたが、コーヒーに〈こだわる〉店は年々増えるいっぽうですが、紅茶に〈こだわる〉お店は増えそうにありません。なぜなんでしょうね。

コーヒーには覚醒をうながすイメージがありますが、紅茶には安らぎを誘うイメージがあります。となると、しずけさという意味では紅茶に軍配が上がるはずです。

しかしながら、京都と紅茶は、京都とコーヒーに比べると印象が薄いのでしょうか。京都で美味しい紅茶を飲める店を、とリクエストされることはめったにありません。

いっぽうで緑茶の需要は高まるばかりです。とはいっても、もっぱら抹茶を使った和スイーツがほとんどで、緑茶や抹茶そのものは、さほど高い人気を誇っているようには見えないのではありますが。

おなじ香りを愉しむ飲みものであっても、コーヒーや緑茶はその香りによって覚醒させられますが、番茶とおなじく紅茶も、その香りによってほっこりと心を休め、和ませてくれるという点で大きな違いがありますね。

ずいぶんとむかしですが、―紅茶の美味しい喫茶店―という歌詞が出てくる歌があったように記憶しています。つまりはそのころから、紅茶は喫茶店の主役ではなかったのでしょう。コーヒーの美味しい喫茶店ならたくさんあるけど、紅茶の美味しい喫茶店となると、ちょっと考え込んでしまう。それは今も変わらないような気がします。

お寺めぐりで疲れたときなどに、香り高い紅茶でほっこり和みたい。そんなときにぴったりのお店をご紹介しましょう。

〈都七福神〉のひとつに数えられる『松ヶ崎大黒天』からほど近い北山通沿いにあって、古くから京都の紅茶好きに愛されてきたお店が『北山紅茶館』です。

平成七年の開業で、そのころはまだ地下鉄の松ヶ崎駅もなく、田園風景が広がるのどかな場所にぽつりと建つ、瀟洒《しょうしゃ》なお店が目を引く時代でした。

今とおなじく、そのころの京都でも本格的な紅茶を出すお店は珍しかったので、都人のあいだでよく話題になったものでした。

『北山紅茶館』は、時を経ても変わらぬ平屋の佇まいと芳しい紅茶の香りで迎え入れてくれます。

表と裏の両方がガラス窓になっている、木の梁《はり》が印象的な店内は、まさに紅茶を飲むにぴったりの雰囲気です。コーヒーを味わうときは暗い空間もいいと思いますが、紅茶の場合は明るいほうがいいような気がします。

お奨めの紅茶は〈北山紅茶館〉というブレンドティー。花や果物の香りが心を和らげてくれます。スコーンも一緒にオーダーすると、よりいっそう紅茶の味わいが増します。『北山紅茶館』で紅茶に目覚めたわけですが、その後はほかに気になる紅茶のお店もなく、またコーヒー派に戻ってしまっていました。しかし、それから三年ほど経ったころ、飛び切りのティーハウスと偶然出会うことになります。

少なくとも毎月一度は通い詰めていた料理屋さんが『銀閣寺』の近くにあって、そのすぐ近くにある『アッサム』という紅茶のお店を見つけ、かならずといっていいほど、食事のあとさきに立ち寄って、美味しい紅茶を愉しむようになったのです。

『アッサム』の絶品クリームブリュレ

紅茶が美味しいのはもちろんですが、山野草が店のなかのあちこちに置かれ、プルーストの〈失われた時を求めて〉の一節が書かれた額の掛かる店の設えに強く魅かれました。

『アッサム』はその後、鹿ケ谷通と哲学の道に挟まれた細い道沿いに移転しましたが、前の店に負けず劣らずのスタイリッシュな空間で、香り高い紅茶を愉しませてくれます。

緑豊かな眺めと高い天井が明るい空間をより爽やかにしてくれ、ロイヤルミルクティーがよく似合うお店です。ていねいに作られた自家製のケーキもお奨めですが、前の場所にあったころから、ぼくはここのクリームブリュレが大好きで、いつも頼んでいました。哲学の道散策の折にはぜとも立ち寄られることをお奨めします。

もう一軒のお奨めは、洛北紫竹の住宅街に町家造りのお店をかまえる『STARDUST』です。

大宮通と玄以《げんい》通の交差点といえば、観光客のかたはめったに足を運ばない場所かと思いますが、そのすぐ近くの古民家を改修したお店ですから、うっかりすると通り過ぎてしまうほど目立ちません。

しかしながら一歩お店に入ると、とても心地いい、落ち着いた空間に包まれて、美味しい紅茶とともに京都らしい時間を過ごすことができます。

店の奥がカフェ、手前が紅茶をメインにしたショップという構成で、どちらもその感度の高さと上質感は圧巻です。お客さんの絶えない人気店ながら、いつもしずかに過ごせます。

〈上海の記憶〉というフランスの紅茶はぼくの大のお気に入りで、お土産に茶葉を買い求められることを強くお奨めします。なお、カフェは事前予約が必要なのでご注意ください。

洛北紫竹で美に触れる

いつのころからでしょう。美術ブームとも呼びたくなるような流行があります。

長い行列の最後尾にプラカードを持つ係員がいて、二時間待ち、とか書いてあります。美術館での展観を観るためにも長い時間並ばなければならない。そんなおかしな流行も、コロナ禍によって少しばかり変わりました。密を避けるために予約制を敷くところが増えてきたのです。

それは決して悪いことではありませんが、なんでもかんでも予約が必要というのも、興を削《そ》ぐような気がします。

京都の街をぶらぶら歩いていて、ふと目に入った美術館にふらりと入る。そこには思いがけない美があって、大いに心を動かされた。そんな美術館や博物館に出会えれば、どんなに素敵でしょう。

そもそも美術というものは、いっときのブームになるようなものではないと思うのですが、今の時代はどうやら主催する美術館自体がそれを狙っているようにも思います。

そんな流れをよそに、淡々と我が道を行く美術館や博物館は潔いですね。

たとえば『髙麗美術館』。

洛北は『上賀茂神社』のすぐ近くにあるので、参拝の行き帰りに立ち寄ってみてはいかがでしょう。朝鮮半島の美術は、京都とはなんのつながりもないように見えて、実は密接なつながりがあることに気付きます。

『髙麗美術館』

『上賀茂神社』近くの御薗橋から南へ三百メートルほど歩いたところに建つ『髙麗美術館』は、残念ながら一年を通して開いているわけではありません。冬季は長期休館になりますし、展覧会も期間限定ですから、あらかじめ日程をたしかめておく必要があります。

令和三年には〈朝鮮の仏さま〉と〈MICROCOSMOS 螺鈿《らでん》と象嵌《ぞうがん》の世界〉という展観を鑑賞しましたが、どちらもほかでは見られない美術品を身近に観ることができました。

令和四年は〈あつまれ！　朝鮮王朝の動物クリム（絵）〉という展観が四月一日から八月二十一日まで開かれるようです。

きっとユニークな展観になることでしょう。

今ぼくたちが日本文化としてその美しさを讃えているうちの、ある部分は朝鮮半島から渡ってきたものだということを、そっと教えてくれるしずかな美術館。時期が合えばぜひとも訪れたいところです。

この美術館がある場所は、秀吉が築いた御土居《おどい》が多く残っている、いわば洛中の北端です。今は閑静な住宅街になっていますが、近年はこの近辺に感度の高いお店ができてきて、人気のエリアになりつつあります。

下鴨のような高級住宅街といった雰囲気ではなく、住宅や学校、商店が入り混じってはいますが、おだやかで落ち着いた空気が漂う界隈です。

つい先ごろまでは銭湯もあったのですが、コロナ禍ということもあって廃業してしまいました。よく通っていたのでとても残念ですが、そんな場所だということがお分かりいただけるかと思います。

むかしながらのアパートもあり、長屋然とした古い町家も点在しています。

そんな町家をリノベーションしてお店にしたところが紫竹には何軒かあって、それらがレトロモダンな雰囲気を醸し出しているのです。

『高麗美術館』の裏側にある北の通りをまっすぐ西へ進むと、大宮通に出ます。その北西の角には『かめや』というパン屋さんがあって、小さなお店ですが地元のお客さんでにぎわっています。

京都人のパン好きもよく知られるようになってきましたが、最近の新しいパン屋さんブームは少し加熱気味なのではと案じています。

『La.vie ふらわぁ』

早々に売り切れたり、行列ができたりと、人気を競っていますが、もともと京都のひとたちは、ご近所に好みに合ったパン屋さんを見つけ、そのうちの何軒かでローテーションを組む、といったふうにパンを愉しんでいます。

パン屋さんに限ったことではありませんが、今人気の、とか話題の、という食べものを追いかけることは好まないのがむかしからの京都人です。

『かめや』は、そんな京都人好みのパン屋さんです。

そこからさらに西へ歩くと、古い町家をお店にして鉢植えや生花を並べている花屋さんが見えてくるでしょう。ここは『La.

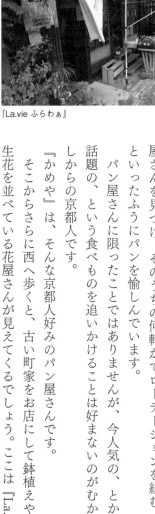

vie ふらわぁ』という花屋さんで、毎週のようにぼくが花を買っているお店です。

花屋さんというのは眺めているだけでも愉しいのですが、ドライフラワーや小さなリースなどは、京都の思い出としてお土産にしてもいいでしょう。

花屋さんをもう一軒、といってもこのお店を花屋さんと言っていいのか、悩ましいところです。

『かめや』さんから南へ下がり、大宮通と玄以通の角からひと筋南を東へ入ってすぐ。先述した『STARDUST』という紅茶屋さんの東隣にある『みたて』というお店は花屋さんなのですが、これまでに見たことがない花屋さんです。

一歩入ったお店のなかは、花屋さんというより古美術のお店のような、きりりとした設えで、ふつうの花屋さんを想像してお店に入ると、きっと戸惑われると思います。しかし、研ぎ澄まされた美意識に、京都だからこそ存在し得るお店だと心が動かされることでしょう。

左が『STARDUST』右が『みたて』

かく言うぼくも初めてこのお店に入ったときは、雷に打たれたような大きな衝撃を受けました。目に付いた節分飾りを買い求めたのですが、持ち帰って玄関に飾ると、その存在感にあらためて感動したものです。

小さなお店なのでふだんは予約制をとっておられるようですが、金曜と土曜は予約なしで入れます。お店のホームページもありますから、事前にご覧になって興味を持たれたらぜひ足を運んでみてください。

独特の世界観、透徹した美意識を持つお店は京都を透かして見せてくれます。お隣の紅茶屋さんともども、紫竹という街の可能性を広げてくれるのは、地元に住む者として心強く感じています。

第二章

しずかな神社仏閣をめぐる

ずらして愉しむ

お寺や神社は、京都観光のメインと言ってもいいほどですから、どこの寺社を参拝しても、なかなかしずかとは言えないのが実情です。

コロナ禍によって、劇的にインバウンドが減り、京都がむかしのしずけさを取り戻すことになったとはいえ、かならずいつか復活するでしょうし、世界文化遺産に登録されているような有名寺社では、しずかな時間を過ごすことは難しいと言えます。

しかしそれでも、世界に誇る京都の財産ですから、それ相応の価値があることは間違いありませんので、人気の高い寺社でもしずかな時間を見つけて訪れたいものです。

名高い寺社でしずかな時間を過ごすための裏技をひとつお教えしましょう。

それは、〈ずらす〉ことです。

最近になってJR東海さんも〈ずらし旅〉と称して、ずらして旅することをお奨めになっていますが、はばかりながら、ぼくは数年も前から、「京都はずらして愉しむ」をキーワードにして、京都の本を書いてきました。

インバウンド客が激増し、急激にホテルの数も増え、ぼくが滞在している京都駅近くのホテルでも、外国人観光客が大半を占めるようになったのを間近で見て、これはずらさないと落ち着いて京都を旅するのは無理だろうなと実感したからです。

自分の身に置き換えればすぐ分かるのですが、海外旅行をするとなれば、ベストシーズンを狙いたくなるのが人情ですから、いわゆるトップシーズンは当然ながら混雑必至。ならばこちらがずらすしかないな、となるわけです。

コツとなるのは、〈少しずらす〉です。

たとえば桜や紅葉など、まったくずらしてしまうと影も形もなくなって、愉しむことができません。ならば日にちや時間を少しだけずらせばいいのです。

桜を例に取りますと、もちろん年によって多少変わりますが、市内の多くの桜が満開になるのは三月末から四月初め辺りです。これをうしろにずらしてみましょう。

新学期がはじまることもあり、おおむね十日辺りになると急激に観光客は減ります。しかしそのころでも、場所によっては満開の桜を愉しむことは充分可能です。

春には春の、夏には夏の、秋には秋の、冬には冬の、京都の愉しみかたがあります。

さて、どうずらしながら四季折々の京都を愉しむか。思いをめぐらせながらお読みいただければさいわいです。

春は隠れ名所で桜を愉しむ

まずは春から。

〈京の底冷え〉という言葉があります。北国でも雪国でもない京の都ですが、その冬の寒さは格別のものがあります。雪深い東北からの旅人でさえ、京の寒さに震え上がるといいますから、ただの寒さではありません。

それゆえ、厳しい寒さを越して、ようやく訪れる春に、都人は心の底から喜びを感じるのです。おそらく京都人が一番安らいだ顔を見せるのは春だろうと思います。

京都でよく使われるのが〈はんなり〉という言葉ですが、これは〈花なり〉から派生したものだと言われています。この〈はんなり〉がもっともよく似合う季節は、当然ながら春であり、花はやはり桜ですね。

京都と桜。これほどふさわしい取り合わせがほかにあるでしょうか。

お寺の山門を覆い尽くすような桜。鳥居の奥から枝を伸ばす桜。見るべき桜は京都中に溢れています。

桜といって多くのかたが思い浮かべるのは染井吉野だろうと思いますが、京都の桜はそれだけにとどまらず、山桜、八重桜、枝垂れ桜、豆桜などなど、その姿や色は多岐にわたります。

姿形だけではありません。その花のあり様もまたさまざまな様子を見せるのが京都の桜。桜並木あり、一本桜あり、遠山桜もあれば、川面を彩る映し桜もあります。加えて京の桜はうまく時期をずらしてくれます。早咲きから遅咲きまで、場所を変えれば長く桜を愉しめるのも京都ならではのこと。

早い春から遅い春まで、都大路は桜色に染まります。さぁ、いつどこで京の桜を愉しみましょうか。よりどりみどりと言えるほど、桜の名所がたくさんあります。

あまりその名を知られていないお寺や神社の桜といえば、『雨宝院』、『水火天満宮』、『本満寺』などがあります。あるいは道筋でいえば〈哲学の道〉や〈半木《なからぎ》の道〉。どちらも川沿いの桜ですが、散った花びらが川面を流れ、花筏を作るさまもみごとです。とりわけ〈哲学の道〉の小川は北へ向かって流れますから、『銀閣寺』の参道で桜色の花筏を見ることができます。

開花情報に出てくるような有名な桜名所はどこもひとで溢れ返り、とてもではありませんが〈しずかな〉とはいいがたいものがあります。

ぶらりと歩いて誰も知らない桜を見つけるのも、京都の街歩きの愉しみです。年によって花の開くころが大きく変わります。

コロナ禍のせいもあって、巷には以前にも増して情報が溢れるようになり、桜情報もまたおびただしく行き交っています。最新の情報をたしかめてからお出かけください。

待ち焦がれた季節だけに、春になれば、京の街はそこかしこでにぎわいを見せます。

季節を先取りするのはいつも和菓子屋さんの店先。都人が季節を感じるのは和菓子の姿や色合いなんです。スイーツ全盛の時代にあっても、京都はやはり和菓子が主役ですね。

春と言えばひな人形。格式高い門跡寺院『宝鏡寺』はふだんは非公開ですが、雛祭りになれば人形展が開催され（秋の開催もあり）、山門をくぐれます。別名〈人形寺〉と呼ばれ、境内には人形塚もあり、鶴亀の庭もみごとです。この機会にぜひ。

はんなり京都がより華やかさを増すのは、五つの花街を行き交う舞妓《まいこ》さんや芸妓さんの艶姿《あですがた》。春になれば日ごろの鍛錬を披露する踊りの会が開かれます。

祇園甲部と祇園東。先斗町《ぽんとちょう》、宮川町、そして北野の上七軒。五つの花街が〈都をどり〉、〈鴨川をどり〉、〈京おどり〉、〈北野をどり〉と、それぞれが舞台を変えて、艶やかさを競い合い、都大路ははんなりと春を香らせます。

春はまた、京都が平安のころの姿を見せる季節でもあります。

京都三大祭の最古参、葵祭がその代表。五月十五日、京都御所から世界遺産の下鴨、上賀茂、ふたつの神社へと、平安の都人が、雅楽の調べに乗って都大路を練り歩く姿はなんとも優美です。賀茂川の堤防、加茂街道と呼ばれる道筋の北大路橋から北山大橋辺りで見物するのがいいでしょう。あるいは春が終わろうとするころに『城南宮』で行われる〈曲水の宴〉も優美な平安貴族の遊びが再現され、伸びやかな春を謳いますので、足を伸ばしてみるのも一興です。

季節の祭事や行事はひとが行くから行く、のではなく、心が魅かれるから行く、とするだけで、しずかに愉しめます。

『今宮神社』の〈やすらい祭〉などはさほど知られていませんが、実に見ごたえのあるお祭りで、春一番のお奨めです。

遅咲きの桜をひとりじめ

京都の遅咲きで代表的なのは御室の『仁和寺』。

背丈が低いことで知られる〈御室桜〉が満開となるのは、例年四月中旬ですから、ぎりぎり二十日ごろまで愉しめます。

あるいは洛北『鞍馬寺』の桜も遅咲きで知られていて、多種多様な桜が四月初旬から下旬ごろまで咲き競います。

『鞍馬寺』は牛若丸が修行したとされる鞍馬山に建っていますが、鞍馬山の桜は〈雲珠《うず》桜《ざくら》〉と呼ばれています。

『仁和寺』と桜

これは桜の品種のことではなく、常緑樹の緑のあいだに、ぽつりぽつりと桜色が点在するさまを、馬の鞍飾りである〈唐鞍〉の一種、雲珠にたとえたもので鞍馬という地名にちなんで名付けられたと言われています。

間近に花を眺めるのもいいのですが、遠山桜を見上げるというのも、なかなか趣きが深いものです。洛北ならではの桜かと思います。

『仁和寺』も『鞍馬寺』も洛中からは少し離れますので、わざわざ訪ねなければなりませんが、市内の真ん中で遅咲きの桜を愉しめる道をご紹介しておきましょう。

賀茂川に架かる北大路橋と北山大橋のあいだの左岸、つまりは東側の土手に連なる〈半木の道〉には遅咲きの枝垂れ桜が数十本植えられ、みごとな花のトンネルを作ります。

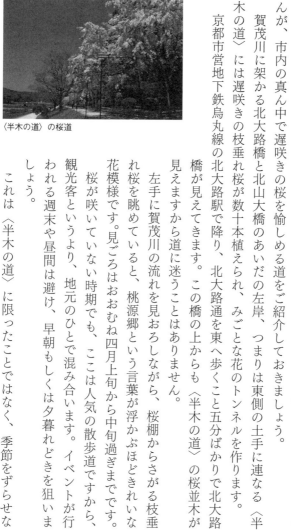

京都市営地下鉄烏丸線の北大路駅で降り、北大路通を東へ歩くこと五分ばかりで北大路橋が見えてきます。この橋の上からも〈半木の道〉の桜並木が見えますから道に迷うことはありません。

〈半木の道〉の桜道

左手に賀茂川の流れを見おろしながら、桜棚からさがる枝垂れ桜を眺めていると、桃源郷という言葉が浮かぶほどきれいな花模様です。見ごろはおおむね四月上旬から中旬過ぎまでです。桜が咲いていない時期でも、ここは人気の散歩道ですから、観光客というより、地元のひとで混み合います。イベントが行われる週末や昼間は避け、早朝もしくは夕暮れどきを狙いましょう。

これは〈半木の道〉に限ったことではなく、季節をずらせないときに有効な裏技なのです。

まだ多くのひとが眠っている早朝は、空気も澄んでいて、夜間に休息した桜などの草花も生き生きとしていますから、ひときわ美しく見えます。

あるいは、これから眠りに就こうとする前の花も、薄闇に包まれるころは艶やかな美しさを際立たせます。

新緑にも紅葉にもおなじことが言えます。

ひとが集中する昼間はもちろんですが、近年流行りのライトアップも避けたいものです。混み合うなかで、疲れ切った花やもみじが美しさを湛《たた》えるはずもないのですから。

夏は都人の習わしをしずかに辿る

冬は寒いのに、京都の夏は暑く、そして熱いのが不思議です。寒さ暑さの理由はその地形にあるといいます。

東、北、そして西と、三方を山に囲まれた夏の盆地には、かげろうが立つほどに熱気が溜まり、風はそよとも吹かないのです。じりじり照り付ける日差しに都人は皆、顔を歪めます。

暑いいっぽう、熱いわけは明白。祭りのせいなのです。言わずと知れた〈祇園祭〉がそれ。日本三大祭のひとつ〈祇園祭〉。多くのかたが思い浮かべるのは山鉾《やまぼこ》巡行と、その前日に行われる宵山くらいだろうと思いますが、実は〈祇園祭〉はひと月にも及ぶ長い期間の祭りなのです。

七月一日の吉符入りからはじまり、月末までのひと月の間、京都の街を歩くと、どこからともなく祇園囃子が響いてきて、多くの都人はそれに合わせて口ずさんでいることに気付かれることでしょう。

コンコンチキチン　コンチキチン

夏の盛りが祇園祭の『八坂神社』だとすれば、夏のはじまりは『平安神宮』です。梅雨のさなかに開かれる薪能もまた、都人にとっては、たいせつな夏の行事になっています。

お能の本場、というのもおかしな言い方かもしれませんが、京都は能楽の中心地でありながら、京都旅をして実際にお能をご覧になる機会は存外少ないだろうと思います。

一度は京都でお能を、と思っておられるなら、ぜひ一度薪能をご覧になってください。

今にも降り出しそうな梅雨空の下、燃え盛る薪に映し出されるのは幽玄の世界。鼓の音が闇に吸い込まれると、そろそろ夏がはじまります。

薪能も祇園祭も終わり、いよいよ夏が幕を閉じようとするころ、六道まいりでお迎えしたご先祖さまをあの世に送る、送り火が赤々と京都盆地を照らします。

むかしはそれぞれの家の前で送り火を焚きましたが、防火上の観点からか、多くが〈五山の送り火〉に託すようになりました。

〈五山の送り火〉が済むと、まるで待っていたかのように都大路に秋風がそよ吹くのも不思議です。夏は秋の風とともにしずかに幕をおろします。

このころになると少しは涼風が吹きますが、それまでの京都は猛暑どころか酷暑、惨暑とまで呼びたくなるほどの暑さです。

もともと京都という街は、歩いて愉しむようにできています。移動手段としてある程度の交通機関は利用しても、名所から名所へ車移動などという旅では、京都は真の姿を見せてくれないのです。が、夏の昼間だけは別だということは覚えておいてください。

尋常ではない京都の暑さは熱中症必至です。歩くなら朝夕の涼しい時間か、日が落ちてからがいいでしょう。

早朝の神社を訪ねて〈夏越《なごし》の祓《はらえ》〉、茅《ち》の輪をくぐったあとは、まだ行列のできていない

『出町ふたば』で水無月の菓子を買う。賀茂川の河原で川風を頬に受けながら、菓子を頬張る。

オーソドックスですが、これも夏ならではの愉しみです。

歳時とそれにちなむ和菓子をともに愉しむのは都人の倣いで、夏の和菓子も少なくありません。

たとえば『今宮神社』の摂社『織姫神社』で行われる〈七夕祭〉のあと、すぐ近くの『松屋藤兵衛』へ立ち寄って〈珠玉織姫《たまおりひめ》〉の菓子を求めると、優美な京都をよりいっそう深く愉しめます。しかしながら近年は人気の高いお菓子なので、当日にいきなりお店を訪ねても買えないかもしれません。あらかじめ電話で頼んでおきましょう。

あるいは何気ない街角のお地蔵さまに、町内の人々が寄り合う〈地蔵盆〉に加わって、都人に成り切るのも一興です。盂蘭盆会が終わった翌週辺り、街なかのお地蔵さまを囲んで行われる地蔵盆は、もっとも京都らしい夏の歳時かもしれません。

ともすれば避けたくなる京の夏旅ですが、夏にしか味わえないものもあります。

たとえば鴨川や貴船川の〈床店〉。

鴨川のほうは〈ゆか〉と読み、貴船川のほうは〈とこ〉と読む違いがあり、前者は鴨川

『六道珍皇寺』で迎え鐘を撞く

を見おろしながら、後者は貴船川の流れの上で食事を愉しむという趣向です。

鴨川の昼間の〈床店〉は暑さに閉口しますが、貴船川のそれはときに寒さに震えることになります。洛中と洛北ではそれほど気温が違うのだということも、ぜひ記憶に留めておいてください。

刻々と移ろいゆく京都の夏ですが、その主役は神さま仏さまとご先祖さまです。

〈祇園祭〉で神さまに触れ、『六道珍皇寺』で〈迎え鐘〉を撞《つ》いてお迎えしたご先祖さまを〈五山の送り火〉でお送りし、そのあとの地蔵盆では、いつも見守っていてくださるお地蔵さま、仏さまに感謝する。説教されたり強制されたりすることなく、都人は子どものころから自然とその道理を学ぶのです。

夏の京都旅は、そんな京都人の習わしを知るいい機会です。

秋はもみじの絨毯に息を呑む

春が桜なら、秋はもちろんもみじです。

俗に桜は散りそめ、もみじは色付きはじめ、がもっとも美しいと言われます。

彼岸を過ぎて、朝夕の冷え込みが厳しくなりはじめると、木々の葉が染まり出します。そんなころがちょうどいいのですが、冬が近くなっての遅いもみじも決して悪くありません。それどころか、散ったあとのもみじが作る赤い絨毯《じゅうたん》は、息を呑むほどに美しいですし、薄らと初雪でも積もれば、その風情は格別のものがあります。

花の命は短くても、もみじはその命を長らえ、さまざまな表情を見せて目を愉しませてくれます。

抜けるように澄んだ秋空に枝を広げるもみじは、鮮やか過ぎて目に染みますが、朱の鳥居と彩りを競うようなもみじは心を浮き立たせます。それが古寺の庭にはらはらと散り、ふわりと池に浮かぶと、とがった心をも鎮めてくれます。

雑誌やテレビに決まって登場するような、紅葉の名所と呼ばれるところでもいいのですが、西陣辺りの街角で偶然に出会うもみじもなかなか味わい深いものがあります。

京都の街衆に混ざって、小さな居酒屋で舌鼓を打っての帰り道。ホテルへ戻る道すがら、黒塀の屋敷から枝を伸ばすもみじにふと目を留めて、立ちどまる。夜半のもみじは夜桜にも似て、人恋しさを募らせます。

もしくは早朝。夜が明けるのを待って訪ねる街角の小さなお寺。石段の敷きもみじを踏みしめると、心までもが引き締まります。

お奨めしたいのは鹿ケ谷『安楽寺』。

茅葺《かやぶ》きの山門へと続く石段にびっしりと赤いもみじ葉が積もり、まさに敷きもみじとなります。踏みしめるのがもったいないほどの美しさに、思わず息を呑んでしまうでしょう。

夕暮れどきのもみじもいいですね。夕陽に輝くもみじに浄土を見る。お奨めは吉田山の南に建つ『真如堂』。

西山からの夕陽を受けて三重塔の傍らに枝を伸ばすもみじが赤く染まると、手を合わせたくなります。

もしくは紅葉ならぬ黄葉。

賀茂川に架かる北大路橋のすぐ南から西へと伸びる紫明《しめい》通の真ん中には銀杏の木が植

わっています。

秋が深まるとこの樹々は黄色く染まり、それを西陽が照らすさまもとても美しいものです。

京のもみじは朝から夜半まで、街なかで存分に愉しめるのです。無理やり灯りを照らすライトアップに押し掛けるなど無粋なことと、都人はよく知っています。

都人とともに祭事を愉しむ

秋になると、京都の街は突如として、さまざまな色合いを見せるようになります。

重陽の節句を迎えると、花屋さんだけでなく、店先には黄色い菊の鉢が並んで秋を謳います。おなじ日、世界遺産の『上賀茂神社』では子どもたちの〈烏相撲〉が行われ、取り組み前には黒い烏帽子《えぼし》をかぶった神官が飛び跳ね、烏の鳴き声を真似ます。黄色と黒の競演です。

それからしばらくすると『京都御所』と隣り合う『梨木神社《なしのき》』に萩《はぎ》の花が咲き乱れ、〈萩まつり〉が催されます。紫や白、桃色の小さな花が境内を彩り、歌を詠んだ短冊とともに、秋風に揺れるのです。

出町柳近くの『常林寺』は通称で〈萩の寺〉と呼ばれるほど、境内を萩が埋め尽くすことで知られています。山門の外からもその様子がうかがえるほどの咲きっぷりに、思わず目を細めてしまいます。

陽が落ちて月が上ると、月見の宴があちこちで催されます。

もっともよく知られているのは嵯峨《さが》『大覚寺』の〈観月の夕べ〉です。

大沢池には古式ゆかしい船が浮かべられ、赤い龍が水面に妖しい顔を映すと、夜空には丸いお月さまが浮かぶ。まさしく幽玄の世界が嵯峨野に繰り広げられるのです。

もっとも彩り豊かな秋の祭りは〈時代祭〉かと思います。

明治時代、平安遷都一一〇〇年を祝ってはじめられたお祭りですから、京都三大祭にあっては新参者ですが、市民参加型ということもあって、年を追うごとに都人に親しまれるようになってきました。

それぞれの時代衣装を纏《まと》った都人が『京都御苑』に参集し、時代ごとに列を組んで都大路を整然と歩きます。

お天気がよければカラフルな装束が秋空に映えます。明治維新から延暦《えんりゃく》時代まで遡って列を作るのを見ていると飽きることがありません。

時代絵巻が目の前で繰り広げられると、いかに京都が長い時代を経てきたのかが、はっきりと分かるのです。そしてそのなかで、驚くほど多くの色が京都を彩ってきたことを実感できるのも秋だからでしょう。錦織りなすのは西陣織の徴。京都の秋。まさに錦秋の候です。

本当にしずかな京都を味わうなら冬がいい

彩り豊かな秋から一転。京都は冬になるとモノトーンの世界になります。街から色が消え、白と黒が目立ちはじめるのです。

地球温暖化のせいでしょうか。近ごろでは師走に入ってもまだ紅葉が美しく、それを目当てにした観光客のかたもちらほら見かけます。

洛中でもっとも遅い紅葉は『下鴨神社』です。朱の玉垣と紅葉の競演は師走半ばになっても続きます。

春の項にも書きましたが、京都の冬はことのほか厳しいものです。北国とはまた違った寒さに包まれる都大路は、春秋に比べて敬遠されがちですが、四季のなかでもっともお奨めしたいのが、冬の京都歩きなのです。

四条大橋、南東のたもとに建つ『南座』に〈吉例顔見世興行〉の〈まねき〉が上がると、京都に本格的な冬が訪れます。

師走に入る前に、〈勘亭流〉の文字で書かれた役者の名看板を掲げる様子は、決まって地元新聞の一面を飾ります。京都人はみんな、いよいよ、という気分でこれを眺めるのです。

師走に入るとすぐ、京都のあちこちの寺で〈大根焚き〉が行われ、多くの都人でにぎわいます。寺によって味付けは多少異なりますが、ふるまわれる大根を食べて、一年の毒気を抜き、新たな年の無病息災を願う。冬至かぼちゃとおなじ、古くから都に伝わる民間信仰です。

たいていの京の歳時には観光客も多く集いますが、冬の歳時はほとんどが都人だけです。

冬は旅人が少ないせいもあって、京都が素顔を見せる、数少ない時期です。街を歩くと、そこかしこで普段着の京都を垣間見ることができます。それが際立つのが師走だと思います。

ことのほか、けじめをたいせつにする京都人は、過ぎゆく年に想いを残しつつ、新たな年を迎える準備に余念がありません。都人にとってさまざまな歳時が続く冬の京都は忙しいのです。

京都人に晦日は年に二度やってきます。師走の大晦日と、もうひとつは二月の節分。どちらも翌日は新たな年になりますので気合が入ります。

師走の大晦日。『八坂神社』で〈をけら火〉を授かり、若水を沸かす火種にします。新年を寿ぐ〈大福茶〉はもちろん、雑煮の出汁を引くのも、この若水になります。

師走から正月への橋渡し。京の町家は磨きをかけて年迎えの飾りを施します。派手な門松は避け、簡素な根引きの松を飾るのが〈冷泉家〉を手本にする都人の倣いです。

しんとしずまり返った路地に、凜《りん》とした緑の松飾りが、誇らしげに玄関先を彩ります。冬の京都はとてもしずかなのです。

明けて初詣はまずは氏神さまへ。そして『伏見稲荷大社』へ。松の内には七福神詣りもありますし、あちこちの神さまにお参りしなければなりません。

松の内が過ぎようとするころ、にわかに活気付くのは、大和大路の四条を下がった辺り。初ゑびす、『京都ゑびす神社』へ詣でて商売繁盛を願う都人が列をなすのです。

まだ底冷えする京都にも梅が香り出すと、長く厳しい冬が終わり、待ち侘びる冬の都に春の兆しが訪れます。

二月節分は『吉田神社』へ詣で、一年を見守ってくださったお札をしに行きます。古札を焚き上げる炎は空高くまで上がり、天の神さまに感謝の気持ちを届けます。

邪気を祓い、晦日蕎麦に舌鼓を打つと翌日はもう立春大吉です。

冬至に欠かせない柚子《ゆず》湯ですが、お風呂に浮かべる柚子は、洛西水尾産のものを最上とするのが京都の習わしです。それが叶わなかったなら、立春を迎える前後に水尾の民宿で柚子湯に浸かるのもいいものです。

冬至の柚子湯は全国共通の習わしですが、京都洛西、水尾の里の柚子風呂はひと味違います。

冬至は湯治をもじり、柚子は融通が利くように、とほとんどダジャレの世界ですが、江戸期から今に続く柚子湯の効能はたしかなもので、冷えた身体を芯から温めるのに、柚子のエキスはとても効果的だそうです。

おなじ柚子でも水尾特産の柚子は、見た目もゴツゴツしていて鄙びた風情を湛え、一段と香りが高いことで知られます。それもそのはず。高貴とさえ思える香りの源は清和天皇なのです。

出家のあと、近畿各地を周り、この地、水尾の里を終《つい》の棲家と定めた清和天皇に、里人たちはいたく感動し、たびたび柚子湯でもてなしたと伝わっています。水尾の里と天皇家のゆかりは深く、後水尾天皇の〈水尾〉は清和天皇のことを表し、尊崇の念を表したのです。

そんな水尾の里では、鶏鍋と柚子風呂を愉しめるプランが人気を呼んでいます。冬の寒さを愉しみ、高貴な香りを身に纏う鄙の里を訪ねてみたいものです。

こうして京都では、四季の歳時を愉しみながら一年を過ごします。そしてそれを千二百年以上もの長きにわたって繰り返すことで、今の京都が形作られました。

旅人がそれに触れるのはわずかな一瞬ではありますが、長い歴史の流れに思いを馳せることで思いを共有できるものと確信しています。

しずかな京都に憩う。ここまではその心がまえ。このあとはその実践編です。コロナによってしずけさを取り戻した今こそ京都に憩う、もっともいい時期です。

雪が降ったら金閣寺には行かない

京都は季節によって大きく表情を変えます。

もちろん京都でなくても四季それぞれ景色は変わりますが、京都は空気までもが変わってしまうように思います。身びいきが過ぎるかもしれませんね。

春や秋のシーズンだって、しずけさを味わうことができますし、冬場ならいっそうのことです。雪がしんしんと降る京都はとてもしずかです。不思議と雪降りの京都は底冷えも収まるような気がして、つい出かけたくなります。

京都の雪は夜半に降りはじめ、朝目覚めると北山が雪化粧していた、ということが多いのです。

さぁ、こんな朝こそしずかな京都を歩きたい。どこがいいだろう。できれば雪化粧した京都を撮影してSNSに投稿したいな。そう思うひとはたくさんおられるとみえて、そのほとんどのひとがおなじ場所を目指します。さて、どこでしょう?

答えは『金閣寺』です。

夜中に雪が降った翌朝。決して『金閣寺』へは行かないようにしましょう。と言うと叱られるかもしれませんが。

しずかどころか、池の周りは大騒ぎです。雪化粧した『金閣寺』をひと目見よう、だけならいいのですが、みんな写真に収めたいものですから、押し合いへし合いして、ベストポジション争いになるのです。ときには怒号が飛び交い、殺伐とした空気が漂います。

いったいいつからこんなことになったのでしょう。

ほんの数年前までは、プロのカメラマンと少しばかりのカメラマニアぐらいでしたが、近年は猫も杓子も、といったふうで、たくさんのひとがスマートフォンのレンズを向けて大騒ぎするようになりました。

おそらくは、スマートフォンのカメラの性能が飛躍的に向上したからでしょう。たいしたテクニックも要らず、手軽にきれいな写真が撮れるようになったことで、絶景スポットにひとが殺到するようになったのです。たしかに雪の『金閣寺』は言葉を失うほど美しいものです。東山から差し込む朝の日差しは、きらきらと金色に輝く楼閣を浄土のように照らし、屋根に積もる純白の雪と、みごとなコントラストを描き出します。

夜中に雪が降った翌朝、『金閣寺』を訪ねたくなる気持ちはよく分かりますが、雪景色が美しいところは、ほかにもたくさんあります。

たとえば『銀閣寺』。金と銀（正確には茶色ですが）の違いはありますが、屋根に積もる雪と、白砂を配した周りの庭のコントラストは、『金閣寺』に負けず劣らずの美しさを湛えています。

あるいは『南禅寺』の山門も、東山を背景にした屋根に積もる雪は、絶景と呼んでもいいでしょう。

ほかにも通称を『真如堂』とする『真正極楽寺』の境内に建つ三重塔も、雪が降り積もった姿は神々しく見えるほどの美しさで目を奪います。

『南禅寺』の雪景色

そうそう、『上賀茂神社』も雪の降った朝は一面の銀世界で参拝者を迎えてくれますよ。

〈一の鳥居〉をくぐって、〈二の鳥居〉にいたるまでの参道は、両側に芝生の広場が広がっているのですが、ここに雪が積もると、まるで雪国のように、と言えば大げさかもしれませんが、一面の雪景色に誰もが歓声を上げます。

ざっと思いつくままに、雪景色を愉しめる寺社を挙げてみましたが、まだまだお奨めしたい寺社はたくさんあります。つまりは『金閣寺』でなくても、雪景色の京都は充分愉しめるということなのです。

さらに言えば、なにもわざわざ古寺を訪ねなくても、もっと身近な場所で雪の朝をきれいに彩る場所があります。

京都の真ん中を南北に流れる鴨川がそれです。

京都に生まれ育って七十年。ずっと鴨川の傍らに住んできましたから、雨の日も雪の日も鴨川の景色は長く見続けてきました。それでも見飽きることなく、いつ見ても心が和むのが鴨川です。

できれば朝早くがいいですね。夜が明けるか明けないか、という、大和言葉で言う〈あさぼらけ〉のころ。滑らないよう、足元に気を付けながら鴨川の河原に下りてみましょう。

雪の朝をきれいに彩る鴨川

鴨川と書きましたが、できれば賀茂大橋から北、賀茂川と表記するところが望ましいです。なぜならおなじ市内でも北と南では気候が違い、賀茂川では積もっていても、鴨川では雪がないということがよくあるからです。

理想を言えば出雲路橋近辺の西岸の河原を歩いてみましょう。

賀茂川の流れの向こうに、東山の峰々が白く雪化粧しているのが望めます。一番高い峰が比叡山。そこから南へなだらかな稜線の先にあるのが如意ヶ嶽。大文字が白くかたどられています。しずかに京都の雪景色を愉しむなら賀茂川が一番です。

春夏秋冬すべてみごとな岩倉『実相院』

今からもう二十年ほども前のことになるでしょうか。岩倉にある門跡寺院の『実相院』を参拝し、本堂の開け放たれた障子が描く一幅の絵にいたく感動しました。

ちょうど新緑の候でしたが、庭の緑が本堂の床に映り、それはそれはみごとな光景でした。外の緑、障子の白、桟の茶色、そして黒光りする床に映る緑。心に沁みいるとは、こういうことを言うのでしょう。息をするのも忘れるほどでした。

長く京都で暮らし、このお寺も何度か訪れていましたが、こんな光景があることをまったく知りませんでした。

なぜこれほどきれいに映るのだろうと不思議に思ってよく見てみると、お堂の床板がピカピカに磨き上げてあるのです。なるほど、そういうことかと納得しました。

門跡寺院である『実相院』は時代に翻弄され、苦難の道を歩んできたお寺です。その長い歴史のなかで、移転や再建を繰り返しながら、今の形になったわけです。つまりは数え切れないほど多くの修行僧や、お寺をあずかる寺方の人々の手によって、磨き上げられ、ときには塗り重ねることで、神々しいまでの輝きを維持しているのです。

お寺は一朝一夕にできるものではなく、気が遠くなるような長い歴史によって、作り上げられるものなのです。

そのころぼくはテレビの旅番組をお手伝いしていたので、早速この光景をとり上げることにしました。お堂の床に緑が映る。それを〈床みどり〉と名付けて京都編でこの光景をご紹介したのでした。

今もおなじですが、テレビの影響というのはすさまじいものがあり、放送直後から押すな押すなの大盛況となりました。

『実相院』さんでは、秋の紅葉が床に映ることは先刻ご承知で、〈床もみじ〉として京都通のかたたちにもよく知られていたことなのですが、新緑が映ることは、さほど気に留めておられなかったようです。

〈床みどり〉を切っ掛けとして、この〈床もみじ〉もまた大勢の参拝客でにぎわうようになります。

しずかに鑑賞するだけならいいのですが、例によって〈映え〉を狙って、競い合うように写真を撮るようになります。無作法なひとたちが増えてしまったので、お寺さん側は、やむを得ず撮影禁止という措置を講じます。

一部の不心得者のせいで、あれこれ制限を加えられるのは、なんとも悔しいことですが、諍いを避け、貴重な文化財を守るためにはしかたがないことだろうと思います。

しかし、こうした措置によって、かつてのしずけさを取り戻すことができたのは、皮肉な結果とはいえ、好ましいことだと思っています。

写真を撮れないなら行かないでおこう。そういうひとが増えたおかげで、心しずかに〈床もみじ〉や〈床みどり〉を愉しむことができるのです。

そして新たな情景も知りました。

庭の雪が床に映ると、これがまたなんとも美しいのです。

お寺さんが撮影されたその写真を見て、ふと、ある言葉が浮かびました。

雪はまた、その白くきらきらと輝くさまから、銀花とも呼ばれます。ならば〈床銀華〉と表現すればどうだろうと思ったのです。

『実相院』では写真を撮れず、映える様子を自慢できないからでしょうか。おなじ洛北の八瀬《やせ》にある新規のお寺が大人気なようです。

お寺とはいっても、つい何年か前までは料亭だったところですから、その建築様式は伽藍《がらん》とはほど遠いものです。ここの〈床もみじ〉は自由に撮影できますから、映え狙いの観光客が殺到するようになりました。けっこうな入場料や予約が必要なのですが、それでも大勢押し寄せるのですから、皆さんよほど映え自慢をしたいのでしょう。

京都人には〈八瀬のかま風呂〉として親しまれてきた料亭がいつのまにかお寺に変身して、多くの観光客を集めている。今の京都を象徴するお話です。かつての料亭の玄関門を山門と呼び、お寺の体裁を整えたとしても、ふるくからの都人は横目で通り過ぎるだけです。

ただきれいに映ることだけを望むなら、鏡やステンレスでも充分なのです。

八百年ほども前、洛北紫野の地で開山し、京都御所近くに移転し、その後は応仁の乱の難を逃れるために『実相院』は閑静な岩倉の地に移ってきたと伝わっています。佳いときばかりではありません。苦難も多かったことと推察します。お堂の床はその変遷を、寺方と一体になって経験し、長いあいだにわたって鏡のようにその光景を映してきました。

お堂の床に緑やもみじ、雪が映り込んで感動するのは、そのお寺の床を丹念に磨き上げ続けてきた、寺方のかたたちのたゆまぬ努力があるからこそ、なのだということを忘れてはならないでしょう。

お寺の苔を愛でる

お寺の庭を歩いていて、一番癒やされるのは青々とした苔が生している眺めではないでしょうか。

枯山水の庭園でも、池泉回遊式庭園でも、苔の緑が生き生きとしているとホッとします。それとは逆に苔が茶色くなっていると、なんだか胸が痛んできます。

お寺の庭の苔にはどんな意味が込められているのだろう。そう思うことがよくあります。

そもそもお寺の庭園というものは、参拝者の目を休め、心をしずめる役割を果たしているのだと思いますが、もうひとつには、お寺で修行する僧侶たちが、手入れを怠らないためのものではないかとも思っています。

自然に生える苔は丈夫なように見えて、意外にデリケートなものだそうで、苔の種類によって手入れの仕方も異なるようです。陽当たりを好む苔もあれば、あまり陽を当てないほうがよく育つ苔もあると言われても、一般にはまるで区別がつきません。

それをちゃんと見極め、適度に水やりをして、踏みつけて傷をつけないように囲ったりするのも、お寺での修行のひとつなのでしょう。

とあるお寺でお聞きしたのですが、苔には大まかに分けて三種類があって、もっとも一般的な蘚《せん》類には千種類、苔《たい》類には六百種類という膨大な種類の苔があるのだそうです。もっとも珍しいのはツノゴケ類で、こちらはわずかに十七種しかないということです。

そんな多種多様な苔があるのだと知って、あらためてお寺の庭を見てみると、いっそう奥深さを感じます。

苔を観ることを目的にしてお寺を訪ねる。しずかな京都にふさわしいプランだと思いませんか。

「京都　苔　お寺」と並べてみると、真っ先に浮かんでくるのが『西芳寺』です。通称は苔寺ですから、まさに京都の苔を代表する寺院ですね。

洛西の外れにあって、事前申込制を敷き、冥加料と呼ばれる拝観料も三千円とあって、密になることもなく、しずかに苔の庭を観ることができます。

開山は奈良時代ですが、その後は長く荒廃し、南北朝のころに夢窓國師によって再興されたと伝わっています。

庭園は二層に分かれていて、上段は枯山水式、下段は黄金池をぐるりと囲む池泉回遊式庭園になっていますが、残念ながら上段は非公開なので、黄金池を中心にした庭だけしか観られません。それでもすべてが自生だという百二十種を超える苔の眺めはまさに圧巻という言葉しか浮かびません。

枯山水庭園の原点でもあり、最高傑作とも言われる夢窓國師作庭の庭そのものが、禅という道の修練の場であるとの教えがあります。そしてその庭を覆い尽くす苔の緑は、道場畳とおなじように丹精込めて手を入れられているのです。

ただ苔そのものの美を愛でるなら、山深くの渓谷でもいいわけで、お寺の苔を讃えるなら、その陰にある禅の精神をも汲み取らないと意味がありません。

〈さいほうじ〉とおなじ読みながら、洛北は舟山のふもとに建つ『西方寺』は、もうひとつの苔寺として、知る人ぞ知る名園を擁するお寺です。

舟山は、五山の送り火のひとつに数えられる舟形が灯される山として知られていますが、『西方寺』はその送り火が点ったあとに、境内で六斎念仏が奉納されるお寺としても地元の人々に親しまれています。

平安時代の初期に創建されたときは天台宗のお寺だったのですが、鎌倉時代の終わりごろ、道空《どうくう》によって再興されてからは浄土宗のお寺になりました。その道空がいなければ、六斎念仏は広く伝わることがなかったと言われています。

苔で市松模様が描かれている『東福寺』

六斎念仏はおもに盂蘭盆会のときなどに行われる念仏ですが、長くなりますのでここでは省きます。

苔を愛でるお寺としては嵯峨野の『祇王寺』もお奨めです。

こちらのお寺は拙著『おひとりからのひみつの京都』で、窓を愛でたいお寺としてご紹介しましたので、詳しくはそちらをご参照ください。

お寺の苔が特徴的なお庭としては『東福寺』も忘れてはなりません。

たいていのお寺の庭の苔は自生したものですが、『東福寺』の本坊庭園の北庭はデザインとして植えられたものだというのが、最大の特徴です。

〈勅使門〉から〈方丈〉に向かって切石が敷き詰められていて、その隙間に苔を植えることで、緑の市松模様が描かれるという趣向です。これを作庭したのは重森三玲《みれい》で、庭ができた当初はこれほどの苔ではなかったと言われています。本坊のすぐ傍に谷があり、川の流れによって苔が育ちやすい環境にあったことから、白川砂のなかに苔が繁るようになり、今のような形になったというのですから、苔の力は偉大ですね。

ひそかに金運を祈願する

明治生まれの祖父母に厳しく叩き込まれたせいか、今でもお金のことを口にするのは、はしたないと思ってしまいます。

そうは言うものの、ないよりはあるほうがはるかに好ましいわけですから、ときには金運祈願に参拝したりします。

おなじ思いのかたはたくさんおられるとみえて、『二条城』近くの『御金神社』には近年長い行列ができるようになりました。

『御金神社』は〈みかねじんじゃ〉と読み、本来は金属の神さまだったのですが、これを

〈おかね〉の神さまだと信じる向きが急増し、人気ラーメン屋よろしく、行列の絶えない神社として知られるようになりました。

人間は草木ではないのですから、一斉になびくことはないはずなのですが。

〈鰯《いわし》の頭も信心から〉と言われるように、信じる者は救われるのかもしれませんが、食とおなじように人真似ばかりでは、きっとご利益も等分に減ってしまうのではないでしょうか。

『御金神社』

限りがないとも言われるほど、誰しもが願う金運。熱心にお参りすれば、願いが叶うかもしれない神社をそっとお教えしましょう。

洛中からは少しばかり離れます。とはいってもさほど時間はかかりません。神社の名は『金札宮』と言い、〈きんさつぐう〉と読みます。

いかにも金運に恵まれそうな社名ですが、その由緒を辿れば、決してこじつけではなく、まさしく金運に恵まれそうな歴史を持つ神社だと分かります。

話は平安京が置かれる前の西暦七百五十年ころにまでさかのぼります。ときの女性天皇である孝謙天皇は、巨大な流れ星が降ったことで大きな不安を抱きます。

それが切っ掛けになったのか、長い干ばつに見舞われ、水は涸《か》れ、作物も育たなくなってしまいました。そこへこの地に現れたのが天太玉命《あめのふとだまのみこと》という神さま。手に持った白菊を振ると、たちまち清水が溢れるように湧き出て、民は救われたといいます。

この話にいたく感動した孝謙天皇は、神を白菊翁と呼び祀るべく社殿を造営します。するとどうでしょう。突如その造営中の社殿の上に天から金の札が降ってきたというのです。〈我こそは天照大神より遣わされた天太玉命なり、我を拝まんとすれば、なお瑞垣を作るべし〉と金札に書かれてあったという話は、観阿弥が作ったとされる能の謡曲〈金札〉として今に伝わっているのですから、由緒正しきものです。

秀吉によって移転を余儀なくされたこの神社の元の場所は、北へ二百メートルほど離れた中学校にあたり、そこには〈白菊井〉という井戸が残されています。この豊かな水によって伏見はお酒造りで栄えたのかもしれません。そう思えばまさしく金運を招く神社だと確信します。

『御金神社』にもおなじ木が植わっていますが、当社の境内にそびえるクロガネモチの木は樹齢千二百年とも言われ、その名にあやかって、お金持ちになることを祈願することでも知られています。願いを込めてさすっておきましょう。

『御金神社』のように積極的にアピールすることもなく、商売気のない神社ですが、〈招福小判〉などの授与品もありますから、参拝の折に授かっておけば金運に恵まれる、かもしれません。

『金札宮』とセットでお参りしたい『大黒寺』

さてこの『金札宮』。セットでお参りすれば、より強力な金運を期待できるお寺が、すぐ近くにあります。

『金札宮』とはまさに目と鼻の先、すぐ西に建っているのが『大黒寺』。お寺の名前どおり、ご本尊は大黒天さまで、なんとその作者は弘法大師空海だというのですから、こちらもまた由緒正しいお寺です。

開山から長く〈長福寺〉と呼ばれていたのですが、この寺を崇めていた薩摩藩主の島津家久の命によって、『大黒寺』と改められました。すぐ近くに薩摩藩邸があり、寺田屋事件によって命を落とした九名の薩摩藩士のお墓があることから、いっときは〈薩摩寺〉とも呼ばれていたようです。

ご本尊は秘仏になっていて六十年に一度、甲子の年にしかご開帳されませんが、お堂の前に置かれた〈おさすり大黒さん〉はさするとご利益があると言われています。境内に湧き出る〈金運清水〉からのご利益と併せて授かっておきましょう。

なぜここの清水が金運と結びつけられたかというと、平成十三年に井戸を掘って湧き出た水が、きらきらと金色に輝いて見えたからなんだそうです。ぜひ手のひらに掬《すく》ってみてください。

日の光を受けて金色に見えたら、その水を両手のひらにこすりつけておくと金運に恵まれる、かもしれません。

おもかる石

苦しいときの神頼み、とも、困ったときの神頼み、とも言いますが、つまりは困難を乗り越えようとするとき、ひとは神社を参拝し、神さまに願いごとをしますね。

受験シーズンの最盛期ともなると、各地の天神さんは大にぎわいとなります。

本殿や拝殿の前に立ち、鈴緒をしっかりと握り、思いを込めて振ると振り鈴が高い音を立てて鳴ります。

柏手を打ち、手を合わせ、目を閉じて祈りを捧げます。どうぞ合格しますように。

これが本来の姿なのですが、コロナの感染拡大を恐れてか、鈴緒を外してしまう神社があるのはなんとも残念なことです。

縄の下に六角の胴枠が付けられ、その下に房が下がる鈴緒は、参拝者が唯一手を触れられる神具で、いわば神さまと直にコンタクトを取れるものです。鈴緒を鳴らす前後に念入りに手を消毒すれば済む話だと思うのですが。

コロナによって、神さまに対するあり様を変えてしまったのは鈴緒だけではありません。お参りの前に清めるための手水鉢《ちょうず》もそうです。

鳥居の下で一礼したら、まずは手水舎へ向かうのが参拝の作法ですが、これはお寺でもおなじですね。

まず右手で柄杓《ひしゃく》を持ち、水を汲んだら左手にかけて清めます。柄杓を左手に持ち替えて、おなじように右手を清めます。そしてもう一度柄杓を右手に持って、今度は口を清めるのです。左の手に受けた水を口に含んですすぎます。口をすすぎ終えたあとは、もう一度水を左手にかけ、次の参拝者のために柄に水を流し、柄杓置きに伏せて置きます。

これが本来の清めの作法なのですが、先の鈴緒とおなじく感染につながる可能性があるという理由で、手水舎を使えなくしている寺社が出てきました。

水を抜いた空の手水舎は殺風景だと思ったのでしょう。そこに切り花を浮かべ、花手水と称してそのさまをアピールする寺社が続出するようになったのです。きっと若い神官さんやお坊さんは、手水舎の発祥が疫病予防だったことをご存じないのでしょう。細菌が付いている恐れのある花をたくさん浮かべた手水鉢は本末転倒と言えます。

古墳時代、日本で初めてとも言われる疫病が大流行します。これを憂慮した第十代崇神《すじん》天皇は、全国の神社に通達を出し、手水舎を作らせたのです。手洗い、うがい、という感染予防の基本中の基本は一七〇〇年も前から日本に根付いていたことに、ただただ驚くばかりです。

お寺や神社さんまでもが〈映え〉狙いでひとを集めようとする。なんともせつない時代ですね。

金運のお話を先に書きましたが、本来から言えば、ご利益というものはこちらからお願いするものではなく、神さまや仏さまが授けてくださるものなのです。

当たり前のことですが、『御金神社』に参拝して〈福包み守り〉に宝くじを入れておけば、誰でも当選するなどということはありません。お願いはできても確約などあるわけがありません。お願いをしたあとは、神さまや仏さまの判断を仰ぐしかないのです。そしてその結果は、といえばまさに、神のみぞ知る、です。たしかめるすべはありません。

願いを叶えてくださるかどうか。それを瞬時に判断できるものが、とある神社にあります。

一般的には〈おもかる石〉と呼ばれる神占石《かみうらいし》ですが、洛北『今宮神社』では〈阿呆賢さん《あほかし》〉と呼ばれています。

南側の楼門から神社に入り、拝殿手前の左側に建つ小さな祠のなかで座布団に鎮座する黒々とした石は見るからに重そうです。

まずは手のひらで三度、軽く石を打ちます。そして両手で持ち上げてみましょう。思ったとおり重いですね。次に願いを込めながら、三度手のひらで石を撫でさすります。さぁいよいよです。もう一度持ち上げてみましょう。

どうですか？　さっきより軽く感じたら、それは神さまが願いを叶えてくださるという兆しです。もしもさっきとおなじか、重くなったように感じたら、残念ながら神さまは願いを叶えてくださらないようです。

実際に何度もやってみましたが、たしかに感じ方はそのときどきで変わります。おなじ、ということはめったにありません。重いか軽いかのどちらかに変わります。

科学的にはあり得ないのでしょうが、人間の心理というものはそんなものです。

『伏見稲荷大社』の〈奥社奉拝所〉にもおなじような石があります。そこには一対の石灯篭があって、この灯篭の前で願いごとを念じてから、石灯篭の頭の部分、空輪と呼ばれるものを持ち上げた感覚で願い成就の可否を判断するというものです。

鈴緒や手水鉢がコロナ禍によって、本来の役割を果たせなくなったりもしますが、〈おもかる石〉までもが、おなじ理由で撤去されないよう祈るばかりです。

雪月花の庭をめぐる

京都に限ったことではありませんが、季節を美しく彩る代表的なものとして、雪月花と呼び表すことがあります。器や着物など、日本の美術工芸品にしばしばその意匠は使われますし、絵画の題材としてもよくとり上げられます。

雪月花という言葉の嚆矢《こうし》は、中国の白楽天、つまりは白居易という唐代中期の詩人が、遠く離れた部下に送った〈寄殷協律〉という詩の一節、「雪月花時最憶君（雪月花の時最も君を憶《おも》ふ）」だと言われています。

雪が降るとき、月が輝くとき、花が咲くとき。つまりは季節がもっとも美しいときに、きみのことを憶うのだ、と詠っているのです。

いかにも日本らしい感性だと思っていたのに、発祥は中国だったのか、と少し残念に思っていたのですが、白楽天が生まれる前に雪月花を和歌にしたためていた文人が日本にいたと知って、やはりという気になったことを覚えています。

――雪の上に照れる月夜に　梅の花　折りて贈らむはしき子もがも――

大伴家持《おおとものやかもち》の歌です。万葉集の編纂にもかかわったという詩人ですから、日本の文芸にも大きな影響を与えたはずで、やはり雪月花という言葉は四季折々の美しさをこよなく愛する日本人の感性とよく符合するものだと思います。

当然のことながら、京都というところも雪月花がよく似合う街で、それにちなむ名勝も少なくありません。先に書いた雪の『金閣寺』などがその一例です。

その雪月花をお寺の庭で表現しようとしたのが、江戸時代の歌人として名高い松永貞徳《ていとく》でした。

連歌師とも称された貞徳がなぜ作庭したのかはよく分かりませんが、三つのお寺の庭を〈雪の庭〉、〈月の庭〉、〈花の庭〉として庭づくりをしたと言われています。

全国に目を向ければ、日本三名園も雪月花から選定されたと言われていて、雪の『兼六園』、月の『後楽園』、花の『偕楽園』と、それぞれの季節にふさわしい庭とされています。

それでは〈雪月花の京都三名園〉はどこのお寺にあるのでしょうか。

今の時代では、雪の『妙満寺』、月の『清水寺』、花の『北野天満宮』とされています。

花の『北野天満宮』だけはお寺ではありませんが、神仏習合のころに『成就院』というお寺が境内にあり、そのお寺の庭として作られたと言われているからです。

〈雪月花の京都三名園〉には不思議なことがいくつかあります。

そのひとつは、三つとも『成就院』という名前のお寺に作庭されたことです。

月の『清水寺』には塔頭として『成就院』があり、その庭が〈月の庭〉として今も残っています。雪の『妙満寺』には『成就院』という塔頭はありますが、〈雪の庭〉は『妙満寺』

の境内にあります。花の『北野天満宮』には『成就院』というお寺は現存しておらず、令和四年の一月になって新たに作られたのが〈花の庭〉ですから、貞徳が作った庭とは別ものだと言ってもいいでしょう。

神仏分離令によって『北野天満宮』の『成就院』は跡形もなく消えてしまったようで、往時の〈花の庭〉の記録や資料がまったく残っていないため、もとの〈梅苑〉を独自の解釈で改修して、これを〈花の庭〉と位置付けたわけです。

名だたる連歌師とはいえ、庭づくりにおいてはかくたる実績もない貞徳が、なぜおなじ『成就院』という名の三つの寺の庭を手掛けたのか、不思議と言えば不思議な話です。

そしてもうひとつの不思議。それは『妙満寺』にある〈雪の庭〉です。

今でこそ『妙満寺』は雪景色にふさわしい洛北岩倉の地に建っていますが、烏丸五条に建立以来、移転を重ね、昭和四十二年までは、寺町二条辺りにあったのです。

貞徳が活躍したのは今から四百年以上も前のことですから、そのころはすでに豊臣秀吉の命によってその地に定められていて、つまりは〈雪の庭〉は寺町二条にあったことになります。

京都の地理に詳しいかたならお気付きになったと思いますが、京都という街は南北に傾斜していることもあって、北と南では大きく気候が変わります。おおむね今出川通を境にして、北ではよく雪が降り積もりますが、南のほうは雪が少ないのが常のこと。二条辺りで〈雪〉というのはちょっと不自然です。

というように、〈雪月花三名園〉と言いながら、根拠に乏しいことは否めませんが、『妙満寺』は〈雪の庭〉と呼ぶのに恰好の地、洛北に移転し、梅の花で知られる『北野天満宮』でも〈花の庭〉が復活したことによって、これからきっと〈雪月花〉と呼ぶにふさわしい庭になることと期待しましょう。

一番のお奨めは、三名園中、唯一往時のままの『清水寺』『成就院』の〈月の庭〉です。

――夕やみの庭の木かげにかげろうの　あるかなきかの灯影《ほかげ》さびしも――

〈月の庭〉の池のほとりに建つ蜻蛉《かげろう》灯籠を詠んだ月照上人は、幕末という時代に翻弄された悲劇の僧侶です。ことのほか美しい庭ですので、春秋の期間限定、夜となると秋のわずかな間しか公開されませんが、ぜひとも訪ねたい名園です。

ふたばあおいめぐり1

家に家紋があるように、神社には神紋という紋様があります。

ふだんはあまり気に留めることはないのですが、都人が神紋を意識するときが一年に一度だけあります。

『八坂神社』の祭礼である祇園祭が行われている七月には、都人は胡瓜を食べないとされています。なぜなら輪切りにしたときの胡瓜の模様が『八坂神社』の神紋とよく似ているからです。

もちろん今の時代にそれをかたくなに守っているひとはさほど多くなく、おもに『八坂神社』の氏子さんや、祇園祭に携わるひとたちですが、ぼくが子どものころには我が家もそのしきたりを守っていました。そのわけを聞くことで、神社には神紋があるのだと、子どもながらに知ったわけです。

ふだんは意識しない家紋とおなじく、神社でも神紋が目立つことはありません。近年流行りの御朱印帖には神紋が記されていますが、それ以外では提灯や灯篭などにさりげなく描かれているぐらいですから、どこの神社がどんな神紋なのか、記憶に留めることはないでしょう。

　しかしこの神紋にはいろいろな由緒が隠されていて、そこからルーツを辿ることもできるので、歴史を知る上でも興味深い存在なのです。

　そんな神紋をおなじくする神社をめぐってみようというのがこの項の趣旨です。

　京都三大祭のひとつである葵祭はよくご存じだろうと思います。五月十五日に『上賀茂神社』と『下鴨神社』の祭礼として行われ、〈源氏物語〉にもその様子が描かれているほど、長い歴史を持つお祭りですが、この葵がふたつの神社の神紋を表していることは、存外知られていないようです。

〈ふたばあおい〉という植物はあまり見かけることがありませんが、とりわけ京都とかかわりが深い植物で、おなじ〈ふたばあおい〉を神紋とする神社は市内のあちこちに点在しているのです。

〈ふたばあおい〉はご存じなくても、葵の御紋はご覧になったことがあるかと思います。徳川家の家紋として時代劇にはたびたび登場しますし、水戸の黄門さまがお持ちの印籠に描かれた紋所としても有名ですよね。

　葵の葉が三つ描かれていますが、このもととなったのが〈ふたばあおい〉なのです。上賀茂と下鴨のふたつの賀茂社を崇拝していた徳川家にとって、葵をかたどった御紋は憧れの存在だったのでしょう。

その〈ふたばあおい〉がなぜ『上賀茂神社』の神紋になったかというと、古く神さまが今は『神山』と呼ばれている山に降臨されたとき、そこに生えていた葵の葉を指し、

――この葵を飾り、祭りをしなさい――

との御神託を授けたからだとされています。

また、今は〈あおい〉と書かれますが、むかしは〈あふひ〉と表記され、〈あふ〉は会うに通じ、〈ひ〉は神さまの力を表す言葉だったと伝わっていて、つまりは神さまの力に出会う植物として重んじられたということなのです。

こうして神紋を定めた『上賀茂神社』は、古くからこの地を治めていた賀茂氏のテリトリーにあったのですが、賀茂氏が渡来民族の秦氏《はた》と姻戚関係を結んだことで、この地にも秦氏の影響が及ぶことになります。姻戚関係を結ぶことによって、互いの過不足を補い合

い、勢力を広げていく秦氏のこの手法は非常に興味深いのですが、本書の趣旨からは外れてしまいますので、詳述は避けることにします。

いずれにせよ、そのことによって、『上賀茂神社』を発祥とする〈ふたばあおい〉は、秦氏のテリトリーである右京にも広がっていくのです。

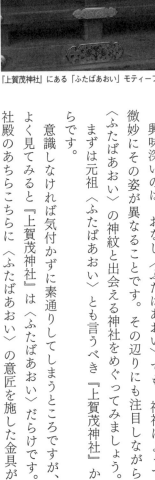

近年はパワースポットという言葉が大流行りですが、神さまの力に直接出会える〈ふたばあおい〉にかかわりのある場所は、その最強版と言ってもいいと思います。

『上賀茂神社』にある「ふたばあおい」モティーフの金具

興味深いのは、おなじ〈ふたばあおい〉でも、神社によって微妙にその姿が異なることです。その辺りにも注目しながら〈ふたばあおい〉の神紋と出会える神社をめぐってみましょう。まずは元祖〈ふたばあおい〉とも言うべき『上賀茂神社』からです。

意識しなければ気付かずに素通りしてしまうところですが、よく見てみると『上賀茂神社』は〈ふたばあおい〉だらけです。社殿のあちらこちらに〈ふたばあおい〉の意匠を施した金具が

〈ふたばあおい〉の鉢植え

見られますし、お守りやおみくじにも〈ふたばあおい〉が描かれています。

お守りのなかには、〈ふたばあおい〉そのものをモティーフにした、ハート形の〈身まもり〉というおしゃれなお守りもあります。

この神紋の絵柄は立ち葵と呼ばれる紋様の一種で、ゆるやかな曲線を上に伸ばした先に葵の葉っぱが二葉広がり、その反対方向に小さな花が咲いているというデザインです。

なんとも愛らしいデザインですね。実際に鉢植えを買うとこんな感じでした。

これが〈ふたばあおい〉の基本形だと考えていいでしょう。

ふたばあおいめぐり2

神社のなかだけではありません。行列の絶えない門前菓子屋さんの『神馬堂《じんばどう》』の店先に掛かる横幕にも『上賀茂神社』の神馬《しんめ》である白馬とともに、〈ふたばあおい〉の絵が描かれています。そして軒下の古い木の看板には〈あおいもち〉と書かれています。〈ふたばあおい〉との深いかかわりを示していますね。

親子関係と言ってもいい『下鴨神社』が〈ふたばあおい〉を神紋としているのは当然と言えば当然のことですが、ほかの多くの神社にもあるのです。

かつては今と比べものにならないほど広い境内を誇っていたと言われる『上賀茂神社』の名残でしょうか。この近くの神社でも〈ふたばあおい〉を神紋としているところは少なくありません。

『西賀茂大将軍神社』の提灯に描かれた〈ふたばあおい〉

拙著『おひとりからのひみつの京都』でご紹介した西賀茂界隈の『西賀茂大将軍神社』の拝殿前にさがる提灯にも〈ふたばあおい〉の神紋が描かれています。

赤く描かれた〈ふたばあおい〉の紋様をよく見ると、『上賀茂神社』のそれとは少し趣が異なっているのが分かります。

葵の葉が二葉あるのはおなじですが、左右に分かれてシンメトリーになっているのと、まんなかに大きく花が描かれているせいもあって、別の紋様にも見えてしまいます。こちらのほうがモダンというか、洋風のデザインに見えます。

『久我神社』の提灯に描かれた〈ふたばあおい〉

これは〈花立ち葵〉という名前が付いた紋様だそうですが、実際の二葉葵の花はこれほど大きくはならず、そういう意味では『上賀茂神社』のほうがリアルだとも言えるでしょう。

ちなみに京都には、四神《しじん》相応に基づいて、東西南北の四方に四社の大将軍神社がありますが、〈ふたばあおい〉の神紋が見られるのは、北の『西賀茂大将軍神社』だけのようです。

ここから南に下がって、玄以通と大宮通が交わる近くに建つ『久我神社』の神紋もおなじく〈ふたばあおい〉です。

古くは〈氏神社〉と呼ばれ、今は『上賀茂神社』の境外摂社とされるこの神社は、ご祭神の賀茂建角身命《かもたけつのみのみこと》が八咫烏《やたがらす》に姿を変え、神武天皇一行の道中無事を守ったことから、航空安全や交通安全の守り神とされています。飛行機嫌いのかたはこの神社のお守りを携えて搭乗されてはいかがでしょう。

こちらの神紋は『上賀茂神社』とおなじ意匠で、手水舎に本物の二葉葵の鉢植えが置かれていたりもしますので、元祖系と言えるかと思います。

ここからさらに南へ、北山通近くまで下がったところにある『紫竹貴船神社』にもおなじ〈ふたばあおい〉の神紋を描いた提灯がさがっています。

『貴船神社』は全国に四百五十社ほどあり、そのうちの一社ですが、洛北貴船に建つ総本社と近しい関係にあるようです。

では、その総本社の神紋はどんな意匠でしょう。

実は『貴船神社』の神紋はふたつあるのです。ひとつは〈水の紋〉とも言われる〈左頭三つ巴〉で、もうひとつは〈ふたばあおい〉なのです。水の神さまと称される『貴船神社』ですから〈水の紋〉は当然でしょうが、なぜ〈ふたばあおい〉も神紋とされているのでしょうか。

実はこの『貴船神社』は、平安のむかしから明治四年までの長いあいだ、『上賀茂神社』の第二摂社とされていたからなのです。ちょっと意外な気もしますが、両神社の創建にかかわったとされる玉依姫命つながりを考えれば、なるほどと納得できます。

そう言えば、境内に白黒二頭の馬の像が立ち、絵馬発祥の神社と言われる『貴船神社』とおなじく、『上賀茂神社』の境内には白い神馬がいますし、いくつも相似点がありますね。

さて、右京に足を伸ばしてみましょう。

嵐電《らんでん》沿線には蚕ノ社《かいこのやしろ》という駅があり、その名の神社が駅名の由来となっていますが、蚕ノ社と呼ばれる『木嶋《このしま》坐天照御魂神社』もまた〈ふたばあおい〉を神紋としています。

この神社には三本足の鳥居があり、その周りは〈元糺の森《もとただすのもり》〉と呼ばれ、かつてはその池で御手洗祭りという足つけ神事が行われていたことから、同じ神事を行う『下鴨神社』と深いつながりがあると言われています。〈ふたばあおい〉を神紋としていても当然でしょうね。

すぐ近くに太秦《うずまさ》という地名があるように、ここは秦氏のおひざ元ですから、賀茂氏と姻戚関係を結んだことで、糺の森を下鴨に移したのかもしれません。

その秦氏と結びつきが深い社が洛西にあります。

お酒の神さまとして名高い『松尾大社』もまた〈ふたばあおい〉を神紋としています。

こちらの社では四月に〈松尾祭〉と呼ばれる大きなお祭りがありますが、お神輿から神職さんの冠や烏帽子など、すべてに葵と桂が飾られることから、古くは葵祭とも言われてきました。お祭りのときだけでなく、本殿をはじめ、楼門にも〈ふたばあおい〉の紋様が施されていますので、賀茂氏との強いつながりが見てとれます。〈ふたばあおい〉はひょっとすると、賀茂氏と秦氏の両氏を表しているのかもしれません。

借景庭園を眺める

京都のお寺の庭園はなぜこれほど美しいのか。以前、ある女性誌の京都特集を監修していて、編集者のかたから、そう問われたことがあります。

日本中たくさんお寺があって、その多くが日本庭園を持っていて、お庭はどこも京都と変わらないように見えるけれど、感動するほどの庭園に出会えないのは、なぜなのか、いつも不思議に思っているんです。そうおっしゃいました。

たしかにそのとおりだなとお話を聞きながら、頭にふたつの答えが浮かびました。

『龍安寺』の枯山水庭園

ひとつは手入れではないかと。

こんなことを言うとほかの地域のお寺さんにお叱りを受けるかもしれませんが、京都のお寺ほど手入れの行き届いたところをほかに知りません。もちろん例外もあるでしょうが、総じて京都のお寺はその庭の美しさを保つための努力が他を圧するように思います。

そしてもうひとつ。実はこちらのほうが大きな要因だろうと思いますが、周りの環境が相まってお庭を美しく見せているのではないでしょうか。

その代表が、借景と言われる手法で、お庭の背景をうまく取り込むことで、美しさを際立たせる手法は、京都ならではのことではないでしょうか。

たとえば『龍安寺』の石庭。代表的な枯山水庭園として知られていますが、このお庭を囲む土塀はかなり低いものですから、自然と周囲の景色も目に入ってきます。

そこに見えるのは塀の向こうに植わる樹木と空だけで、人工的な建造物はいっさい視界に入ってきません。だからこそお庭の美しさが際立つのです。

もしも背後に高層ビルが見えていたら、台無しになってしまうでしょう。想像するまでもありませんね。

あるいは『本法寺《ほんぽうじ》』の庭もしかりです。

本阿弥光悦が作庭した「本法寺の庭」

小川通寺之内上ル。表裏、両千家が軒を並べる通りは、洛中にあっても独特の空気を漂わせています。

車一台通るのがやっと、という狭い通りに、稽古通いを思わせる着物姿の若い女性や、その師と思しき袴姿の男性が行き交い、さすが茶道の総本山と思わせる界隈に『本法寺』というお寺が建っています。

六百年近くも前、日親上人が建立し、その後移転を繰り返し、天正期にこの地に移ったという寺と深い縁を結んでいたのが本阿弥光悦。海外にも広くその名を知られる稀代のアーティストです。

その光悦が作庭したと伝わる庭はさほど多くありません。希少な割に知られていないのは、ここが観光寺院ではないせいもあるのでしょう。

『本法寺』の〈三巴の庭〉

大小の立石を用いた三尊石組を中心に、枯瀧《かれたき》石組を主役とした〈三巴の庭〉は、室町時代の書院風を名残とし、絢爛《けんらん》たる桃山時代を代表する名庭ですが、ここもやはり周りの余計なものは目に入ってきません。

『龍安寺』や『本法寺』の場合は周りの樹木だけですが、京都の多くのお寺は遠くの景色までを借りて、庭園の美しさを彩っています。その最たるものが東山です。

東山三十六峰と呼ばれるように、東山はたくさんの峰を持っていて、その高低差ゆえに変化に富んだ山並みを見せてくれるのです。

目立つのはふたつの峰。比叡山と〈大〉の字が浮かぶ如意ヶ嶽です。このふたつの峰を結ぶゆるやかな稜線が、東山の景色を美しく見せ、多くのお寺はこの眺めを庭園の背後に配することで、傑出した庭園美を生み出しているのです。

京都は、東、北、西と三方を山で囲まれているのですから、西山や北山を借景とする庭園があってもよさそうなものですが、めったに見かけることがなく、ほとんどが東山を借りて、庭園を美しく見せているのです。

『正伝寺』の素朴な庭に癒やされる

その代表的な借景庭園をご紹介しましょう。一番のお奨めは洛北西賀茂の『正伝寺』です。

市内の中心部からはかなり北に位置しますから、どこかのついでに、というわけにはいきません。このお寺の庭を観に行くのだと、覚悟して訪ねる必要がありますが、わざわざ訪ねる価値は充分あります。ミシュランガイドに倣えば三ツ星は間違いありません。

京都市バスの西賀茂車庫行の各系統に乗車してください。最寄りのバス停は終点の西賀茂車庫前、もしくはひとつ手前の神光院前でもいいでしょう。バスを降りたら西へと向かいます。

どちらのバス停からでも直線距離で六百メートルほど。ゆるやかながら上り坂なので、十五分ほど歩くことになります。

やがて山門まで辿り着くと、京都が盆地であることを実感できます。振り返るとけっこう高いところまで上ってきたことに気付くのです。

山門をくぐってから、また上り坂が続きますが、高い樹々に覆われた参道には禅寺らしい凜とした空気が漂っています。

思ったよりも広い境内に、初めて訪れたかたは驚かれるでしょう。竹林を擁する山ひとつがお寺のようです。

最後の石段を上がると左手は台地状になっていて鐘楼も見えます。ここに建立するのはきっと大変だったでしょう。参拝する前に『正伝寺』の歴史を辿っておきましょう。

文永十（一二六〇）年に『聖護院《しょうごいん》』の静成法印という僧が、亀山天皇の勅許によって京都烏丸今出川辺りに一宇の祭殿を建立したのがこのお寺のはじまりとされています。

そののち弘安五（一二八二）年になって、賀茂社の祠官である森経久が、西賀茂の地に荘園を開き、現在の地に移建したのだそうです。

元亨《げんこう》三（一三二三）年には後醍醐天皇によって勅願寺とされたことで、立派な堂塔伽藍が建ち並ぶ洛北きっての名刹として、その威容を誇るまでになりました。

ところが例によって、応仁の乱の兵火に遭い、堂宇はすべて焼き尽くされ、寺方たちも失い、また荒廃してしまったのです。

そののち豊臣秀吉が都を治めるようになり、天正十三（一五八五）年には再興をはかろうとしたのですが、願いは叶いませんでした。

『南禅寺』の塔頭である『金地院』の小方丈を移建し、これを本堂としたのは承応《じょうおう》二（一六五三）年。徳川家綱の時代になってからのことです。

そんな苦難の歴史を乗り越えた『正伝寺』の庭園は、息を呑むほどの美しさです。〈方丈〉の前に広がる庭園は、白砂とサツキの刈込だけで構成される、しごくシンプルなお庭です。

刈込が右から七つ、五つ、三つと並んでいることから、〈獅子の児渡し庭園〉と呼ばれているそうですが、『南禅寺』の〈虎の子渡し庭園〉のほうは石が配されていますから、ずいぶんと印象が違います。おそらくは両方とも小堀遠州の手になる庭だろうと思いますが、おなじ作り手でも場所によって異なるのでしょうね。

きっとこの借景に合わせて庭の要素を最小限に留めたのだろうと思います。

低い土塀の上に広がる東山の峰々、とりわけ比叡山のなんと優美な姿でしょう。この情景に胸を打たれたデヴィッド・ボウイが涙を流しながら、ずっと見とれていたというのもよく分かります。

ただの庭でしかないのに、これほどの美しさを湛えるのはいったいなぜなのだろう。この眺めを見るたび、いつもそう思います。

遠くに山があって、その手前には樹々が茂っている。空との境目には瓦を載せた白い土塀があり、その内側の庭には低い緑が並んでいる。そして自分はといえば縁側に腰かけている。遠くから近くへと焦点を変えると、一枚の絵に奥行きが出るのです。

きっと故郷の田舎家からはこんな眺めなのだろう。そんな郷愁を呼びおこすのかもしれません。

よく禅寺の枯山水庭園は思索をうながすと言いますが、ここ『正伝寺』の庭は、逆に思索を放棄させるほどの力を持っているような気がします。

ぼーっと眺めているうち、頭のなかがからっぽになっていることに気付きます。雑念も邪念も取り払われたあと、なにが残るのでしょう。無の境地でしょうか。それともひと恋しさでしょうか。知らず自分のなかで禅問答をしています。

借景庭園は禅の極致なのかもしれませんね。

病を癒やす寺社

長引くコロナ禍をなんとかしてほしいのだが、そんなご利益のある神社は京都にありませんか。冗談とも本気とも見分けがつかないようなことを訊ねられましたが、即答できませんでした。

疫病退散を願って建立された神社は京都に山ほどありますが、疫病のみに絞って、そのご利益を謳う神社は思い当たりません。どうお答えすればいいか悩みます。

ひとが生きている以上、病から逃れることはできません。それも歳を重ねれば重ねるほど病の数は増えていき、いくつ病を抱えているか数えられなくなるのがひとの常です。

京都の街には今も多くの民間信仰が残り、諸々の病を得た町衆は、病気退散を願って、霊験あらたかな寺社へとお参りします。

その象徴とも言えるのが〈釘抜地蔵〉さま。ひとの苦を釘にたとえて、それを抜いてくださるというありがたいお地蔵さまです。

正式名称を『石像寺《しゃくぞうじ》』というのですが、このお寺の絵馬はなんとも不思議な形をしていて、釘抜きと五寸釘の実物が貼り付けてあります。

これが本堂の外壁にずらりと並ぶさまは圧巻と言うべきか、異様にも見えますね。

このお寺は京都に都が置かれて間もなく、弘法大師空海が創建したと伝わる由緒あるお寺です。唐から持ち帰った石に空海が地蔵菩薩を刻み、苦しみを抜き去るという願いを込めたことから、〈苦抜地蔵〉と呼ばれるようになりました。

のちの室町時代に、両手の痛みに苦しんでいた豪商が、この地蔵によって救われた逸話から〈釘抜地蔵〉と変わりました。苦も痛みも抜いてくれる地蔵さまになったわけです。

あらゆる苦しみから救ってくださるのは、たとえるなら総合病院ですが、各部位別にというか、病気ごとにピンポイントで〈効く〉寺社も少なくありません。

たとえば多くの旅人が行き交う祇園町の南側。四条通と大和大路が交わる辺りを東に入ったところにある『仲源寺』。ここは〈目疾《めやみ》地蔵〉と呼ばれ、眼病を癒やしてくださるありがたいお地蔵さまがおられる、いわば眼科です。

もともとは降り続く雨に困り果て、お地蔵さまに雨がやむようお願いし、それが叶ったので〈雨やみ地蔵〉と呼ばれるようになり、それがやがて〈目疾地蔵〉へと変わっていったと言われています。なーんだ、とがっかりされる向きもおられるでしょうが、民間信仰というのはそういうものなのです。〈鰯の頭も信心から〉と言うではありませんか。

ほかにも専門医はあちこちにおられます。

喘息《ぜんそく》封じの『赤山《せきざん》禅院』さんはさしずめ呼吸器科。できものやガンを封じてくれる『蛸《たこ》薬師堂』さんは皮膚科。足腰の患いを癒やしてくれる『護王神社』さんは整形外科。女性の病に効く『市比賣《いちひめ》神社』さんは婦人科、といったところでしょうか。

今でも医者へ行く前に、まずはお参りして、という都人は少なくありません。きっと心のよりどころになるのでしょう。なんとも不思議な街です。

寺社めぐりは焦点を絞るのがコツ

ここまでいろいろな寺社めぐりをご紹介してきましたが、京都のお寺や神社をしずかにめぐるには、ひとつのコツがあります。

それはお寺や神社を参拝する際、なにかひとつに焦点を絞ってから出向くことです。

もちろん焦点を絞るどころか、なにも考えずにふらりとお寺の山門や神社の鳥居をくぐるのも愉しいものですが、目的を定めて焦点を絞っておくと、その神社やお寺の姿がくっきりと浮かび上がってくるのです。そののち、ゆっくりと全体像を見ていけば、よりいっそう寺社の成り立ちや特徴がよく分かります。

ただ漠然と、○○寺を訪ねる、△△神社を参拝しよう、というのではなく、○○寺の□を観に行こう、△△神社の□□を探しに行こう、といった具合に計画を立てると、寺社めぐりが俄然愉しくなります。

なぜその○○寺には□□があるのか。現場へ行ってそれをたしかめるのです。それぞれはバラバラでも、それらをいくつか重ね合わせると、京都という街の成り立ちが見えてくるのも愉しいものです。

『六角堂』のへそ石

『六角堂』の〈へそ石〉

なにかにつけ、ものの中心を〈へそ〉と言い表すのは日本人の倣いですね。ここが日本のへそ、だとか、本州のへそはこの辺りなどと。ときには品格に欠けることなきにしもあらず、ですが。

京都の街にも〈へそ〉があります。それが『六角堂』、正式名称を『紫雲山頂法寺』の〈へそ石〉だと言われています。

京都の通りの名前を組み込んだわらべ歌に出てくる〈姉三六角〉の六角は、このお寺の名前からその名が付いた六角通のことです。

ここが京都の中心だ、と、このお寺を創建した聖徳太子さまが本当に仰ったのかどうかはさておき、平安京が定められるより二百年以上もむかしに、如意輪観音を安置し、聖徳太子さまが六角形のお堂を建立されたのはたしかなことと伝わり、これが『六角堂』のはじまりとされています。寺名の『紫雲山頂法寺』は、毎朝紫の雲がたなびく霊木を使ってお堂を建てたことに由来します。

京都人は親しみを込めて〈六角さん〉と呼んでいますが、このお寺の『六角堂』のシンボルとも言えるのが〈へそ石〉です。

六角形の真ん中に穴が開いていて、〈本堂古跡の石〉と呼ばれているのは、平安京を造営したとき、ここに道を通すために祈禱《きとう》をして本堂を移動しようとすると、お堂が少し北の現在地へ自ら移動し、もとの位置にこの石がぽつんとひとつ残ったという言い伝えによります。〈へそ石〉は残った、というわけです。

『六角堂』はまた池坊《いけのぼう》発祥の地でもありますから、華道の聖地としても知られています。〈太子堂〉や〈親鸞堂〉などのお堂のほかにも、〈縁結びの六角柳〉や〈十六羅漢〉などの見どころもたくさんありますから、〈へそ石〉のあとはぜひそちらもご覧ください。

鄙びたお寺の羅漢さん

〈十六羅漢〉をじっくり見ていると、自然と顔がほころんできますね。

羅漢さんが〈和顔愛語《わげんあいご》〉を実践しておられるからでしょう。羅漢さんもまた、京都人には慣れ親しまれている存在です。

羅漢とは、サンスクリット語のアルハットの音訳である阿羅漢の略称です。人々から尊敬を受ける資格のある高僧を言うのだそうです。

道を極め、もうこれ以上学ぶことも無い、という意から〈無学〉と称されることもあると言いますから、われわれ凡人から見ると雲の上の存在かもしれません。

そんな羅漢さんが、『六角堂』のほか、どこにおられるかといえば、多くは郊外のお寺です。

お釈迦さまの涅槃《ねはん》時に立ち会った羅漢さんが五百人だったことから、〈五百羅漢〉と呼ばれることがあります。五百人という数に少し驚きますね。

それはさておき、その〈五百羅漢〉を、かの伊藤若冲《じゃくちゅう》が刻んだとされるのが、洛南、伏見稲荷の近くに建つ『石峰寺』です。

天明の大火で被災した若冲は、晩年この寺に隠棲し、多くの羅漢さんを造ったと言われています。撮影は禁じられていますが、若冲の作品を間近に見られるのはありがたいことです。

『石峰寺』は少し遠いです。ＪＲの稲荷駅か京阪本線の深草駅まで電車で行って、そこから十分ほど歩かねばなりません。『伏見稲荷大社』参拝を兼ねるのがいいかもしれません。

洛西、『愛宕《おたぎ》念仏寺』や『化野《あだしの》念仏寺』にも羅漢さんが居並び、衆生《しゅじょう》を見守っておられます。羅漢さんは郊外がお好きなのでしょうか。

『愛宕念仏寺』の苔に覆われた羅漢さま

『愛宕念仏寺』の境内には千二百体を超える羅漢さまがいらっしゃいます。苔に覆われた羅漢さまがずらりと居並ぶさまは圧巻です。

よほど古いものかと言えば、実はそれほどむかしのものではなく、仏師でもあった前住職が四十年ほど前から希望者を募って、一般のひとたちに五百羅漢を彫ってもらった結果だというのですから、少しばかり驚かされます。

まったく彫刻経験のないひとたちが彫ったものとは思えないほど、柔和なお顔をした羅漢さんがたくさんおられるのです。

さぞや大変な苦労があっただろうと思いきや、話はその逆で、羅漢さんを彫ることによって、心や身体の病が癒えたとおっしゃるかたが多くおられたそうです。

宗教というものは願いを叶えてくれるものではなく、自分で自分を救う切っ掛けを作るだけだということなのかもしれません。そのお手本がここの羅漢さんなのでしょう。

大勢おられるなかにはかならず一体、自分に似た羅漢さんが見つかるといいます。目を凝らし、じっくり見てみれば、そっくりの羅漢さんがきっと見つかるでしょう。

京のゑびすさま

羅漢さんにちょっと似ているように見えますが、いつもにこにこと笑顔を絶やさないゑびすさんは、羅漢さんと違い、決まっておひとりです。

大黒さんとセットになることもありますが、お祀りされるときはおひとり。ゑびす神社と名が付いています。

京都人が商売繁盛を願って訪れるのは、おもにふたつの神社です。

ひとつは『伏見稲荷大社』。通称〈おいなりさん〉へは大方の商人が初詣に出向きます。

なにをおいてもまず〈おいなりさん〉へお参りしなければ。たっぷりとお賽銭もはずまなければ。

というわけで、三が日が終わっての賽銭《さいせん》勘定は、決まってテレビのニュースになります。

もう一社は『京都ゑびす神社』。通称で〈ゑびすさん〉と呼びます。年輩の都人なら、ちょっと浪速風に訛《なま》って〈ゑべっさん〉です。

こちらは正月の十日ゑびすにお参りします。一月十日が〈本ゑびす〉。前日の九日は〈宵ゑびす〉。どちらの日も境内は善男善女で、ごった返します。

『京都ゑびす神社』

はずなのですが、ここも例にもれず、コロナ禍にあってはゑびすさんも驚かれるほどの少ない人出でした。
「商売繁盛で笹持って来い」のリズムに乗って、笹飾りを求める列が波打つようなにぎわいが早く戻ることを祈るばかりです。
十日ゑびすのとき以外は混み合うことはありません。四条大和大路を南に下がり、十分ほど歩くと右手に石の鳥居が見えてきます。
境内の鳥居の額束《がくづか》にはゑびすさまのお顔が飾られていて、その下には熊手があります。これに向かって小銭を投げ入れる風習もありますが、周りのひとに充分注意しながらにしましょう。

まずはお参り。本堂正面で鈴を鳴らしたあとは、拝殿の左横手にまわって、横板をドンドンと叩きます。ゑびすさまは耳が遠いので、こうやってお参りに来たことを知らせるという、愉快な風習です。福耳をしたゑびすさまが、耳に手を当てて、フムフムと頷いておられるような気がするから不思議ですね。

近年はこちらの神社だけでなく、『八坂神社』の境内末社である『北向蛭子社《きたむきえびすしゃ》』に祀られている〈祇園のゑべっさん〉も人気が高まっています。

また、お正月に行われる〈泉山《せんざん》七福神めぐり〉で知られる『泉涌寺《せんにゅうじ》』の山内寺院、『今熊野観音寺』に祀られているゑびすさまも多くの信仰を集めています。

恵比須、蛭子、恵比寿、夷、などおなじ読みでもさまざまな字があてられるゑびすさまは、それほどに多くの逸話が残されていて、親しまれているということなのだろうと思います。

『日向大神宮』で伊勢参り気分を味わう

京都人でも、その存在を知るひとは少なかったのですが、隠れ紅葉の名所としてご紹介してからは徐々に知名度も上り、近年では『南禅寺』から足を伸ばしてやって来る旅人も増えて来たようです。それでもいまだ穴場といっていいでしょう。おなじ東山の裾野に居並ぶ紅葉の名所に比べれば、『日向大神宮』は格段に人出が少ない神社です。

タクシードライバーでも〈ヒムカイダイジングウ〉と行き先を告げて、怪訝《けげん》な顔をされることがあります。神社の存在そのものを知らないひとがいれば、〈ヒュウガダイジングウ〉と思い込んでいるひともいます。神社は蹴上《けあげ》のインクラインの奥にあって、道筋を知らないひとも多いのです。

少しばかり不安になるかもしれませんが、ほかに道はありませんから、かならず辿り着けます。

しずか過ぎる境内に入り、正面にお稲荷さんを見て、左手の

『日向大神宮』と紅葉

石段を上がると拝殿。その奥には外宮があります。そこから橋を渡り、奥に進むと内宮が建っています。

『伊勢神宮』を参拝されたかたなら、きっと気付かれると思います。少しばかり失礼な言い方になるかもしれませんが、ここはミニチュア版のお伊勢さんなのです。

別の道を辿ればちゃんと遥拝所もありますが、まるでお伊勢さんにお参りしているような気分になります。

奥まったところに神社が建っているので空気が澄んでいるせいか、ここの紅葉はとても色鮮やかです。紅葉のトップシーズンでも人波が押し寄せるようなことはなく、山鳥の鳴き声がこだまするなかで、みごとな紅葉を愛でることができます。

内宮の横道を進めば天岩戸もあり、胎内くぐりができるようになっていることも、徐々にではありますが人気を呼ぶようになってきました。

天照大御神を祭神に祀る社は、隠れ紅葉やミニ伊勢参りのみならず、いくつもの見どころがあるのでぜひ一度足をお運びください。

『永観堂』の見返り阿弥陀

紅葉の名所といって、この『永観堂』を忘れてはいけません。俗に〈もみじの永観堂〉と称されるほど、紅葉といえばかならずその名が挙がるお寺です。

それほどに美しい紅葉を見せてくれるお寺の正式名称は、「聖衆来迎山《しょうじゅらいごうさん》無量寿院禅林寺」。長い名前ですね。おそらくはタクシードライバーにそのとおりに告げても、首をかしげられるでしょう。京都のお寺はどこもそんな感じです。通称がそのままお寺の名前として定着していると思って間違いありません。こちらは浄土宗の寺院です。

秋も深まれば、紅葉狩を兼ねた拝観客で境内は溢れ返りますが、ほかにもいくつか見どころがあって、たとえばご本尊の〈見返り阿弥陀〉さま。正面ではなく横を向いた阿弥陀像は全国的にも極めて珍しいものだと思います。

そしてこの阿弥陀像。なぜ横を向いているのかという逸話が残っています。

このお寺の住職だった永観《ようかん》律師という偉いお坊さまが、早朝に行道なさっているとき、突然阿弥陀さまのお像が壇を降り、先導して行道をはじめたというのです。

驚いた永観さんが立ち尽くしていると、阿弥陀像は「永観遅し」と左に振り向いて声を掛けたといいます。

それ以来、阿弥陀さまの首は元に戻らず、今も左に振り返った姿のままだということです。

京言葉で言うなら、

——遅いなぁ永観。早ぅせんと昼になってしまうで——


といったところでしょう。

遅れている者をも見放さず、ちゃんと待つという慈悲の姿勢を表すとも、遅れを指摘しみずから導く姿を表すとも言われています。

そのお姿を拝見し、自分なりに解釈するのが一番いいでしょう。

このお寺ではもうひとつ見ておきたいものがあります。

境内に植わる〈三鈷《さんこ》の松〉がそれです。通常はふたつに分かれる松の葉先が、三つに分かれているのです。三つはそれぞれ、智慧、慈悲、真心を表すと言われ、落ち葉はお守り代わりにもなります。探せば見つかると思いますが、見つからなければ売店で頼めば分けてもらえます。

『須賀神社』の元祖ラブレター

京都の『須賀神社』と言っても、多くのかたはご存じないかと思いますが、日本全国にはあちこちに『須賀神社』があります。

古くスサノオノミコトがヤマタノオロチを倒し、出雲国須賀というところで、

――吾此地《あれこのところ》に来て、我《あ》が御心《みこころ》すがすがし――

そう言ってお宮を作ったことから神社の名前が付いたと言われています。ダジャレのようでほほえましいお話ですね。

その京都の『須賀神社』は『聖護院』近くに建っています。

もともとの社地は今の『平安神宮』〈蒼龍楼〉の鬼門を守る西天王塚で、『岡崎神社』の〈東天王社〉と相対する形で〈西天王社〉と呼ばれていました。

その後、鎌倉時代になると吉田神楽岡に移転し、大正時代の終わりごろになって、今の場所に落ち着いたようです。

諸般の事情であちこちへと移動させられるのは、京都の神さま仏さまの常なのです。

スサノオノミコトとクシナダヒメノミコトという、円満夫婦をご祭神とする『須賀神社』は当然のことながら、縁結び、家内安全にご利益ありとされています。

『須賀神社』は吉田山と縁が深いことから、節分祭には多くの参拝客が訪れます。

ふつうなら鬼が登場するところ、この社には、烏帽子をかぶり、水干《すいかん》と呼ばれる古式ゆかしい装束を身に纏い、覆面で顔を隠した怪しい男が姿を現します。

見た目は怪しいのですが、彼らは〈懸想文売り《けそうぶみうり》〉ではありますが、身分はしっかりとしたひとたちです。懸想文とは恋文のことをいいますが、その代筆をして売ることは専ら平安貴族のアルバイトだったようです。字が上手だったからでしょうが、貴族がアルバイトをするなんてみっともないこと。それゆえ顔を隠している次第です。

代筆という言葉も死語となり、恋文そのものすら存在が危うくなった今、年に一度の機会ですが、かくも長閑かで情趣に富んだ存在があったことを思い起こすのも愉しいものです。

若いころを思い出し、身を焦がすような恋に落ちる京都旅。現実にはきっと遠い話でしょうから、せめて〈懸想文売り〉に思いを重ねておきましょう。

『野宮神社』の黒木の鳥居

神社を訪ねると、まず目に入ってくるのが鳥居、その次は狛犬《こまいぬ》ですね。

どちらも当たり前のようにして、さほど気に掛けずに先を急ぐことが多いのですが、注意深く見てみると、なかなかに味わい深く興味が湧いてくるものです。

鳥居とはわれわれの住む俗界と、神さまがおわします場所との結界を表すものと言われ、鳥居の内側が神社ということになります。

もっともよく見かけるのは朱に塗られ、一番上にある笠木の両端が反り返った鳥居で、これは明神鳥居と呼ばれるようです。お稲荷さんや八幡さんなどの鳥居はだいたいこんな感じですね。

明神鳥居のなかに春日鳥居という形があって、その名のとおり奈良『春日大社』の鳥居がはじまりかと思ってしまいがちですが、実はそうではないという説もあります。

鳥居のパーツを細かく見ると、『春日大社』のそれは典型的な〈春日鳥居〉とは微妙な差異があるということです。

学者さんや神職のかたはともかく、われわれ一般人はそこまで気に掛けなくてもいいでしょう。よく見かける鳥居は〈明神鳥居〉と呼ぶ。その程度の知識でいいと思います。〈明神鳥居〉とはっきり区別できるのは〈神明《しんめい》鳥居〉です。〈明神鳥居〉にあって〈神明鳥居〉にないもの。それは笠木の下の島木。そして笠木の反りです。それゆえ〈明神鳥居〉は流線形、〈神明鳥居〉は直線形になります。

前者より後者が素朴に見えます。神社を参拝してその鳥居をつぶさに見てみるのもおもしろいでしょう。

『野宮神社』の〈黒木の鳥居〉

〈神明鳥居〉に分類されるものに〈黒木の鳥居〉があって、これはその鳥居を見上げるためだけに訪れてもいいと思わせるほど不思議な姿をしています。

神社の鳥居といえば朱塗りか、もしくは石でできている。そう思い込んでいる目に、嵯峨野『野宮神社』の黒木の鳥居は不思議な光景として焼き付きます。

これはしかし、日本最古の鳥居様式と言われ、古くは鳥居といえば、樹皮を残したままの黒木が通例だったと伝わっています。

さて、この社。天皇の代理で伊勢神宮に仕えるため、斎王が都を離れる際に身を清めたところだというのですから由緒正しき神社です。さらには源氏物語の〈賢木《さかき》〉の巻にも登場し、六条御息所《ろくじょうのみやすどころ》と光源氏の別れの舞台となったことでもよく知られています。

この悲話は〈野宮〉として能の演目にもなり、亡霊となった六条御息所と旅の僧侶が向き合う場面では、能舞台に社とおなじく黒木の鳥居と小柴垣が登場します。

どちらかといえば雅な空気を漂わせる嵯峨野にあって、忽然《こつぜん》と姿を現す黒木の鳥居が、どことなく寂しげに映るのは、こんな話があるからかもしれません。夢とうつつの境目が曖昧なのも京都の魅力なのです。

先にも書きましたが、鳥居をくぐるとその先は神域です。鳥居をくぐる前には一礼し、できれば真ん中ではなく端を通りましょう。そして振り返って注意深く鳥居を見上げ、姿形を目に焼き付けておきます。そうすれば京都旅はいっそう深みを増すのです。

狛犬　狛狐　狛ねずみ

神社を守るように、あるいは来るものを出迎えるかのように、鳥居の両側に鎮座する狛犬。これは果たして、なんのためのものなのか、疑問に思ったことはありませんか。

なんとなく分かっているようで、その実、詳しくは分からない。そもそも、これは犬なのか？　獅子のようにも見えたり、ときには虎のようにも見えたりします。

飛鳥時代に伝わったときは獅子だったという説が有力で、元を辿ればなんと、あのスフィンクスにいたるのだそうです。聖なるものを守る守護神のような存在なのでしょう。狛は拒魔から派生したとも言われ、つまりは魔を拒むための存在。

であるなら、犬や獅子でなくても良いわけで、それを示すように京都には、あちこちの神社に変わり狛犬がいます。

たとえば『伏見稲荷大社』の門前には、狛犬ならぬ、狛狐がいます。稲荷の使者が狐なのだから当然のことでしょう。

ほかにも猪やねずみ、鹿なども見かけますが、それはなぜなのか。由来を辿ってみるのも愉しいものです。

神社の鳥居横に鎮座するのを阿吽《あうん》像と言います。たいていは狛犬ですが、阿吽の〈阿〉は口を開いて最初に出す音を表し、〈吽〉は口を閉じて、最後に発する音を表現していると言われます。阿吽は仏教真言のひとつで、はじまりと終わり、すなわちすべての宇宙を言い表すことだと聞いたことがあります。

ところが『清水寺』の山門横に鎮座する狛犬は、左右両方とも口を開けているのです。つまりは阿吽ではなく、阿阿像ということになります。これには少しく理由があって、長い清水坂を登って参詣する人々を、呵々《かか》大笑させて迎えようという思いが、狛犬に込められていると伝わっていますから、なんともユーモラスですね。

仏教的には、はじまりとはじまり、終わることのない輪廻転生を表しているのかもしれませんが。

狛犬よりも愛嬌のあるねずみを阿吽像に仕立てた『大豊《おおとよ》神社』も、おなじ思いからだったのかもしれません。

哲学の道にほど近く、大国主命を祭神とする神社で、末社〈大国社《だいこくしゃ》〉は鹿ヶ谷の産土神《うぶすながみ》です。ほかの末社には猿や鳶《とび》も鎮座していますが、いずれもそのいわれがあります。

『京都御苑』近くの『護王神社』では狛犬ならぬ猪が参拝客を迎えます。

阿吽像の動物探しを、京都旅のお目当てにするのも一興です。

『大豊神社』の狛ねずみ

第三章

京の言葉遣いを知る

しずかな京都と京の言葉

しずかな京都を愉しむために、たいせつなことがひとつあります。

それは京都の言葉を理解するということです。

しずかな京都。それは普段着の京都、ということでもあります。過剰なまでに装った京都ではなく、素顔の京都にこそ、しずけさが潜んでいます。

テレビのバラエティ番組などでは、ときとして大げさに京都人の性格や物言いを取り上げて揶揄《やゆ》するシーンが見受けられますが、あれこそが装った京都で、まったくもって実像とはかけ離れているのです。

とりわけ京言葉は恰好のネタとなり、実際とは異なる形で紹介されることが少なくありません。

もっとも大きな誤解は、京言葉が関西弁の一部だととらえられていることです。

関西弁とか大阪弁とは言っても、京都弁とは言いません。いわゆる方言とは成り立ちが違いますので、京言葉という言い回しをします。気取っているとか、お高くとまっている、と言われることも少なくありませんが、歴史上の経緯がそうさせているのだからやむを得ないと思っています。

とかく揶揄されることの多い京言葉や、京都人的な物言いを正しく理解しておくと、京都旅をしずかに愉しむのに役立つことが多いので、少しばかりご紹介しておきましょう。しずかな京都を愉しむには、旅人というよりも、都人のひとりになることが肝要です。

京都人の性格や物言いを誤解したままふるまわれると、きっと齟齬《そご》が生じ、気まずい場面に遭遇されることもあるでしょう。

誤解されていることもあれば、まったくご存じなかったこともあるかと思います。京都旅の一助として、京の言葉遣いに触れていただければさいわいです。

そして京都という街を深く知るためには、いくつかのキーワードに沿って辿ることもたいせつかと思います。それも併せて書いてみます。

一見さんお断り

京都の店は〈一見さんお断り〉が多い。よくそう言われます。

たしかにお茶屋さんはそうですが、料理屋さんをはじめとして、ほかのお店はそうでもないはずです。半年以上も先まで予約の取れない店もありますが、それはまた別の意味合いです。

お茶屋さんなどが〈一見さんお断り〉を貫いているのは、なにもイジワルなのではなく、本当の意味での〈おもてなし〉をしたいからなんです。

お客さんがなにを望んでいるか、を徹底して追求し、心底満足してもらうために、お茶屋さんはありとあらゆる努力をします。そのためには、お客さんのことをよく知らないといけない。見知らぬ初めてのお客さんだと、好みもなにも分からないから無理なんです。

加えて支払いもすべてお茶屋が立て替えて、後日の支払いになりますから、一見さんだとそれも難しいですね。長く築いてきた信頼関係あってこそなんです。

〈一見さんお断り〉にはそんな理由があるのです。

よろしいな

たとえば、京都の割烹《かっぽう》店のカウンターで、昨夜あなたが食べに行ったお店の話をしたとしましょう。

そこは今をときめく人気店です。あなたの言葉には少なからず、自慢の匂いがします。

「よろしおしたなぁ」女将がそう言います。でも、女将の本音は冷ややかです。悪いと思っているわけではありませんが、決して羨ましがってなどはいません。そういう会話自体を好ましく思っていないのです。

褒めるにせよ、けなすにせよ、京都の店では、ほかの店のことをあまり話さないほうがいいのです。

「よろしいな」という言葉を京都人はよく使いますが、心底、良いと思っているかどうかは、その場の空気を読まないと分かりません。

街角で出会った京都人どうし。

「お出かけどすか」

「へえ。ちょっとそこまで」

「よろしおすなぁ」

なにがいいのか、さっぱり分かりませんが、これが京都人の挨拶なのです。

この前の戦争

京都人が〈この前の戦争〉というときは、〈第二次世界大戦〉ではなく、〈応仁の乱〉のことを言っている。まことしやかにそう言われます。

長い歴史が自慢の、古めかしい京都人気質を揶揄する言葉ですが、当たらずといえども遠からず、です。

〈応仁の乱〉が京都に甚大な被害をもたらしたのは間違いありません。今の京都に平安京の面影がまったくないのは、間違いなく〈応仁の乱〉のせいです。歴史上、重要な建築物を、ほとんどすべて焼き尽くしてしまったのです。

歴史にタラレバは禁物ですが、もしも〈応仁の乱〉がなかったなら、京都には平安の香りが今も漂っていたに違いないのです。

そんな悔しい思いを込めて、京都人は〈応仁の乱〉を、〈この前の戦争〉だと言うのです。ただのジョークではなく、京都人の素直な心情の吐露とも言えるのです。

ぶぶ漬け伝説

これくらい有名な話もありませんね。京都というとかならず引き合いに出される、〈ぶぶ漬け伝説〉。

いかに京都人が扱いづらいか、という典型例としてまことしやかに語られます。

京都人の家を訪ねていて、つい話し込み、時分になった。と、「ぶぶ漬けでもどうどすか」と誘いの言葉をかけられる。

これを真に受けて待っていると、冷ややかな目で見られる。いつまで待っても、お茶漬けなど出てこない。これは早く帰れという合図なのだから。

とてもよくできた話ですね。ですが、そもそも、こんなシチュエーションがあるでしょうか。その旅人に、そんなに親しい京都人がいるのなら、引き際など言われなくても分かっているはずです。六十年以上も京都に住んでいますが、「ぶぶ漬けどうどす？」なんて言われたことは一度もありません。京都人は意地悪だ、と言いたいための話だと思ってください。

天神さん

京都人の言葉は本当にややこしいです。京都で生まれ育ったぼくが言うのだから間違いありません。おなじ言葉でも、そのときの状況で、内容が違ってくるのです。

たとえば松の内が過ぎて間無し。京都人どうしが出会います。

「お出かけですか？」

「へえ、ちょっと〈天神さん〉へ」

「お孫さん、今年受験どすか。お気ばりやすな」

「おおきに」

と別れていきます。合格祈願だということが通じ合っています。しかし、これが二十五日だと違います。

「お出かけですか?」

「〈天神さん〉へ行きますんやわ」

「そうどすか。ええ掘り出しもんがありますように」

毎月二十五日の〈天神市〉へ行くのだと阿吽の呼吸で分かり合えるのです。

つまりは、あらゆることに通じていないと、京都人どうしの会話は成り立たないのです。

本当にややこしいことです。

おいでやす

京都の店を訪れて、最初にかけられる言葉が、ふた通りあることに気付くひとは、少ないのではないでしょうか。

通りがかって、ふらりと入った漬物店なら「おいでやす」と迎えられます。

予約しておいた割烹店。暖簾をくぐって店に入ると、「おこしやすぅ、ようこそ」と女将が迎えてくれるはずです。

「おいでやす」は店に入ってきた客すべてにかける言葉ですが、「おこしやす」は、よりていねいに迎え入れる言葉だと思ってください。

わざわざお越しいただいて、ありがとうございます、という気持ちを込めての「おこしやす」です。

京都人は、さり気なくこういう使い分けをします。この違いに気付けば、自分がどういう迎え方をされているか、が分かります。

もっとも最近では、京都以外のかたのお店も増えてきましたが、そういうところでは、こんな使い分けなどされていないでしょうね。

おもたせ

いかにも京都らしい言葉ほど、間違った使われ方をされているのは、なんとも哀しいことです。

たとえば最近よく見かける〈おもたせ〉などがその典型です。

雑誌の京都特集や、京都のガイド本などを見ると、〈洒落た手土産〉のことを〈おもたせ〉だと思って使われているようですが、本来の意味はそうではありません。

何人かが京都人のお宅に招かれて、それぞれ手土産を持って行きます。お茶菓子だったとしましょうか。

お茶の時間になって、その家の主人が、件《くだん》のお茶菓子を披露します。「〈おもたせ〉どすけど、皆でいただきましょか」

〈おもたせ〉はこういうときにだけ使う言葉です。自分が用意したものではなく、ほかのひとが持って来たもの、という意味です。

ただの手土産を〈おもたせ〉などと言って、先方に渡すのは、間違った言葉遣いです。誤用を広めるメディアは困ったものです。

老舗

テレビのグルメ番組などを見ていると、京都の洋菓子店を紹介するのに「昭和五十年創業の、老舗菓子店」と言っているのを聞きます。

京都で老舗と呼べるのは、創業から百年を超えた店だけです。五十年にも満たない店は老舗でもなんでもありません。

ただ古ければ価値があるというものでもありませんが、そこには自ずと決まりがあるのが京都です。

古さを自慢しないのも京都の店の特徴です。百年やそこらだと「まだまだ新参者ですさかい」と言い、数百年を超える店は「古いだけしか取り柄のない店です」と言う。

それが本物の京都の老舗ですから、自らを〈何代目〉などと自慢したりもしません。ましてや屋号に〈何代目ナニガシ〉などと謳うことは、古くからの京都人なら決してしないことです。

京都は千二百年を超える古い街ですから、老舗はいくらでもあります。それを自慢するのは野暮の極みだと知っているのです。

暑おしたなぁ

ことさらに季節の移ろいを大事にするのが京都人です。それが務めだと思っているのかもしれません。

ですから暦というものを忠実に守っています。

暑い暑い京都の夏。七月の終わりごろ、街角で出会った京都人どうしが言います。「暑おすなぁ」「ほんに暑いことどす」

これが立秋を過ぎると変わります。「暑おしたなぁ」「今年も暑い夏どしたなぁ」過去形になるのです。書面だと〈暑中〉が〈残暑〉に変わりますが、京都人はふだんの言葉にまで、この違いを際立たせます。

松の内を過ぎて、正月飾りをしているのは恥ずかしいことと、厳しく言い伝えられますし、それはクリスマス飾りにまで及びます。

季節を重んじるのは、ひとえに京都の気候が厳しいことから来ているのでしょう。冬を越え、立春が来れば、どんなに寒くても「やっと春が来てよろしおしたなぁ」と。

門掃き

きれい好きなのかどうかは分かりませんが、京都の街を歩いていると、家の前を箒《ほうき》で掃く姿をよく見かけます。京言葉でいうところの〈門掃《かどは》き〉です。

古い家が多いですから、汚らしく見えないように、との配慮もあって、朝な夕なに家の周りを掃き清めます。

これは子どもの役目でもあって、小さいころから、〈門掃き〉を厳しくしつけられます。そしてそのときに教わるのが、お隣さんとの関係。

隣の家の前、三尺といいますから一メートル弱まで掃く。それ以上だとお節介が過ぎて厭味《いやみ》になり、境界ギリギリだと水臭く思われる。そのころ合いが三尺。

これは実にみごとに、京都人どうしの付き合いの距離感を表しています。ご近所付き合いは大事にしますが、決して相手の懐深くにまでは入り込まない。だからこそ長続きするのです。店と客もおなじだということも付け加えておきます。

京の台所

『錦市場』のことを〈京の台所〉と長く呼んできましたが、寂しいことに、今でもそう思っている京都人はほとんどいなくなりました。

少なくとも二十年ほど前まで、間違いなく『錦市場』は〈京の台所〉でした。それも別格の存在として。

近所の市場と違って、『錦市場』へ買い物に行くときは、子どもですら緊張したものです。そこはプロの聖域でもありましたから。

かつて『錦市場』のお店は、どこも厳選した商品を並べ、誇り高い商いをしていましたから、客が店に値踏みされるのも当然のことでした。

いつからか、すっかり変わってしまいました。店は競ってイートインスペースを設け、あらゆるものを串刺しにして、食べ歩きを推奨する。食とは無関係の店も増え、アジアの屋台市場と変わらぬ雑踏と化しました。

〈京の台所〉。それは市内のあちこちに残る市場に移ったのです。

お見送り

京都のお店で食事を終え、勘定も済ませて、店を出ます。心あるお店なら、主人か女将のどちらか、もしくは両方が、店の外まで見送りに出てきます。

ここで率直な感想を述べましょう。満足したなら、その旨をちゃんと伝えます。短い言葉で充分です。店にはまだほかのお客さんもおられるのですから、長話は禁物。

最後の挨拶を交わし、店を後にします。が、そのまま立ち去ってはいけません。振り返ってみましょう。じっと立ったまま、あるいはお辞儀をして、見送ってくれています。会釈を返しましょう。互いの名残を惜しむ儀式のようなものですから。これがどこまで続くかといえば、角を曲がって姿が見えなくなるまで、です。なので、客はそこまで早く到達しないといけません。

名残を惜しむのが京都の慣わしです。だから、見送る側も見送られる側も、最後の余韻を味わう〈お見送り〉をたいせつにするのです。

京都を読み解くキーワードを辿る

1. 水

〈山紫水明〉という言葉がありますが、京都という街を歩けば、街中のいたるところで、その光景を目にすることができます。

山は日に映えて紫に彩られ、川は澄んだ流れを作る。私事で恐縮ですが、ぼくの母校『紫明小学校』の名はこの言葉に由来しています。また、鴨川のほとり、河原町丸太町近くにある、かつて頼山陽の書斎だったところは『山紫水明處』と名付けられています。

山は季節によってその彩りを変え、夏は緑、秋は紅、冬は白か茶色で、紫色に染まるのは春先のことです。春霞《はるがすみ》に覆われた東山が、まるで舞妓の寝姿のように映る姿はなんとも艶やかですが、そう言えば紫色の布団をかぶっているように見えなくもありません。

いっぽう、山と違って、川の水はいつもおなじ色合いで都大路をさらさらと流れていま
す。京都におけるその第一は鴨川です。

かつて白河上皇が、双六の賽《さい》、比叡山の山法師とともに、〈天下の三不如意〉のひとつ
として賀茂の水を挙げたほどの暴れ川だったことが嘘のようです。

京都は水でできている。いつもそう実感します。鴨川をはじめとした川や、東、北、西
と京都盆地を囲む三方の山から湧き出る水。さらには洛中のいたるところに点在する名水
の井戸。街を歩けばすぐに〈水〉と出会うのが京都なのです。

そして〈水〉の存在は、きらきらと透き通った輝きで目を休ませてくれるだけでなく、
さらさらと流れる音で耳も癒やしてくれるのです。

そんな京都の美しさを際立たせている鴨川の〈水〉と寄り添いながら歩くのも一興です。

洛北北大路橋辺りからスタートしましょうか。この界隈はごく最近河岸が整備され、以
前よりもうんと歩きやすくなりました。右岸でも左岸でもいいでしょう。川の流れを間近
に眺めながら南に向かって歩きます。

東のほうを見ると、比叡山、如意ヶ嶽と続く東山の峰々はなだらかな稜線を描いていま

す。新緑を眺めながら、北から南に流れる水を追いかけてみましょう。

出雲路橋辺りから眺める比叡山、如意ヶ嶽のプロポーションがもっとも美しいことに気付くはずです。山が近いせいで、歩くごとに山の姿形が変わっていきます。

さらに南へ下るとやがて葵橋、出町橋と短い間隔で橋が続き、賀茂大橋にいたり、ここで高野川と合流し鴨川となります。

ここまでは鴨川と呼ばず、賀茂川と呼ばれています。

賀茂大橋まで辿り着いたら北のほうを眺めてみましょう。

遠く北山の峰がそびえ立ち、その麓から流れてきたふたつの川が合わさります。左に見える出町橋と右側には高野川に架かる最後の橋、河合橋があります。川が合わさることでついた名前ですが、このすぐ北には世界遺産のひとつ『下鴨神社』があり、その別社『河合神社』は縁結びの神さまとして知られています。賀茂大橋からでも手を合わせれば霊験あらたかかと思います。

賀茂大橋からは今出川通を西へと辿りましょう。目指すは『京都御苑』です。かつては天皇の住まいであったこのなかにもいくつかの小さな流れがあり、水と親しむことができます。広い砂利道ではなく、東側の森に沿って作られた小道を南に向かって歩くと、やがて小ぢんまりとした社に出会います。『梨木神社』です。

秋には萩祭りが行われることでも知られていますが、この神社の一番人気は境内に湧き出る井戸〈染井の名水〉。列が途切れるのを待って一口含めば、その味わいはまさに甘露。京都が〈水〉で作られていることを実感できることでしょう。

2. 祈

京都を京都たらしめているのは、やはり神社仏閣の存在です。

京都に十七か所ある世界文化遺産。『二条城』を除くすべてはお寺か神社です。『金閣寺』、『銀閣寺』、『清水寺』など誰もが知る観光名所や〈水〉の項で触れた『下鴨神社』などがその代表ですが、京都の社寺全体から見れば、これらはほんの一部に過ぎません。

都人にとって神社やお寺は観光に行くところではなく、日々〈祈〉を捧げる場なのです。

元旦。初詣にお参りするのはまず近所の社。その後、願いに応じて名の知れた神社へ参詣するというのが通例ですが、そんな特別な歳時だけではなく、京都に暮らす人々にとって〈祈〉は日々の暮らしのなかに深く溶け込んでいます。

ご近所の氏神さまや産土神さまの前を通るとき、決して素通りしないのが都人。時間があれば拝殿まで行ってお参りしますが、急ぎの用がある折りは鳥居の前から柏手を打ち、遥拝します。たとえ小さな寺であってもおなじで、山門を通るときには宗派を超え、かならず手を合わせる。どんなに急いでいたとしても少なくとも目礼だけは怠らない。それは義務感からではなく、習慣がそうさせているのです。

街角の地蔵尊は子どもの守り神で、お菓子を供えて手を合わせる姿もよく見かける光景ですが、これに関しては先述したとおりです。

そして〈祈〉は〈敬〉に通じます。

旅人のかたには観光行事にも映る〈五山の送り火〉も、当然ながら都人にはお盆に帰っていらした先祖を無事に彼岸にお送りするための〈祈〉なのです。

お送りする先祖をまずはお迎えしなければなりません。

東大路通から松原通を西へ入ったところにある『六道珍皇寺』では、毎年八月七日から十日、先祖の霊を迎える行事〈六道まいり〉が営まれます。

この辺りは平安時代には葬送地、鳥辺山の入り口に位置していたことから、あの世に通じる場所であるとされていて、お盆にお帰りになるご先祖もここを通って来ると言われています。

夏の盛りの炎天下、ふだんは苦手とする長い列を作ってご先祖さまを迎え、お盆の間、ひとときの滞在を終えたなら、身近な場所で送り火を焚いてお送りするのです。とはいえ、京都人のすべてが悟りを開いて〈祈〉っているのではもちろんなく、むしろ煩悩だらけ。悩みごとや困りごとがあるときもまた〈祈〉るのです。

不況風を吹き飛ばそうとするならばお稲荷さんに詣でる。伏見稲荷の千本鳥居をくぐれば商売繁盛間違いなしと信じる向きも少なくありません。

縁切りで有名な『安井金比羅宮』

多くのひとが願う縁結びもあれば、縁切り祈願もあります。

東山安井にある『安井金比羅宮』がその代表です。

男女の縁は当然として、病や煙草、ギャンブルなどと縁を切りたい人々もこの宮で〈祈〉を捧げます。

国の内外を問わず、宗教の違いも関係なく、ひとが祈りを捧げる姿はとても美しいものです。

洛中洛外に数多く建つ〈祈〉の場、そしてそこで〈祈〉を捧げる人々の存在が京都を清め、美しさを湛えさせているように思います。

3. 艶

人はなぜ京都に憧れ、京都を訪れるのか、そのわけは京都が〈艶〉っぽいからではないかと思うことがあります。

〈祈〉とは対照的に見えて、実は根底はおなじだといえば、思いが偏っているでしょうか。

たとえば春。

桜のころともなると、朝から晩まで京都駅はひとで溢れ返り、ホテルや旅館はひとつとして空室を作らない時期が、コロナ禍の前まで長く続きました。

桜の名所にほど近い料理屋やレストランの前には長蛇の列ができる。日本中桜が咲かない地はないだろうに、なぜ京都の桜かといえば、きっとその答えは〈艶〉という一文字が重なるからにほかならない。京都の桜は〈艶桜〉なのだ。そう思っています。

——清水へ祇園をよぎる桜月夜　こよひ逢ふひとみなうつくしき——

そう与謝野晶子が詠んだように、京都の桜はひとを美しく彩ります。もちろんそれは祇園から『清水寺』へと辿る道筋ばかりではありません。

花見小路新橋。白川の小さな流れに架かる巽橋畔に建つ『辰巳稲荷』近辺の枝垂れ桜ほど艶っぽい桜はないでしょう。春風に揺らされて白川に落ちた花びらが、さらさらと流れる川面に浮かんでいるさまは、たとえようもない艶っぽさです。

『辰巳稲荷』と桜

――かにかくに祇園はこひし寝るときも　枕の下を水のながるる――

吉井勇が詠んだ情景がそのまま、今も祇園白川には残っています。

あるいは洛北鷹峰『常照寺』の山門前で小さな愛らしい花を咲かせる豆桜も、思わず撫でてみたくなるほどの〈艶〉姿です。

桜の名所を教えてほしいと言われて、はたと困り果てるのが京都人。あまりにも多過ぎて選びかねてしまうのです。

名も知らぬ寺の境内に咲く一本桜。町家の塀を越えてたわわに枝を伸ばす八重桜。町中のいたるところに〈艶〉桜が咲いているのが京都。

桜色が長いあいだの緑を経て、半年ほどが経って紅く染まるころ、またひとは京都を目指すことになります。桜と同様、葉を紅く染めないところはないのに、です。

桜が散りそめなら、紅葉は色付きはじめたころがもっとも美しい。

春は里から、秋は山からやって来る。洛北の奥深く、牛若丸が修行を積んだ鞍馬寺の辺りが葉を紅く染め出すと、侘びた山が俄然〈艶〉っぽくなります。

秋が進み、上賀茂、下鴨と少しずつ紅色が広がっていきます。〈艶〉は紅だけではなく黄色い葉もまた〈艶〉を帯びます。

京都には珍しいほどの広い通りである、紫明通や堀川通のグリーンベルトに植えられた銀杏が黄色く染まる姿も、青空に映えて〈艶〉っぽいものです。

桜色の花びらもしかりですが、紅にしても黄にしても、色付いた葉はきっと散りゆく定めにあります。

ひとときの命ならばこそ美しく〈艶〉を見せる。京都という街はどこかにそのひとときを輝かせる力を持っているのでしょう。

〈艶〉と言って、しかし真っ先に思い浮かべるのは花街の存在。祇園にふたつ、ほかに宮川町、先斗町、上七軒と、京都には五つの花街があり、その色香を競い合っています。京都でもっとも古い上七軒、親しみやすい宮川町など、それぞれに特徴があるのですが、実際に舞妓、芸妓の姿を多く見かけることができるのは祇園界隈。舞妓、芸妓でなくとも花街では〈艶〉姿を見かけます。何軒ものお茶屋が軒を並べ、客を送り出す着物姿の女将は凜として〈艶〉やか。祇園の夜はしずかに、しずかに〈艶〉やかに更けていきます。

4. 道

京都の街といえば碁盤の目状に道筋が付いていることで知られています。

南北、縦の通りと、東西、横の通り名を組み合わせれば、誰でも簡単にその地に辿り着けるのは実に便利です。たとえば〈河原町通四条上がる〉と言えば、タクシードライバーにもすぐ通じます。

ただ通り名を覚えるのが厄介で、それゆえ京都ではわらべ歌が作られていて、子どもはその唄を口ずさみながら通りの名前を自然に覚えるのです。

――……姉三六角蛸錦《あねさんろっかくたこにしき》。四綾仏高松万五条《しあやぶったかまつまんごじょう》……――

独特の節回しとともに、一度覚えてしまえば、まず生涯忘れることはありません。自転車とおなじです。

しかしこれらは京都の道から言えば、ほんのわずか。碁盤の目の隙間にはさまざまな道があります。

その代表が名もなき路地です。

町家と町家の間で、細く奥へと通じる路地はいかにも京都らしい光景。通り抜けられる路地は辻子《ずし》と呼ばれますが、本当は路地は行き止まりになったものを言います。そしてそんな路地の奥にはとんでもないものが潜んでいることもあるのです。

一例を挙げましょう。

五条通から堺町通を北に上がり、万寿寺通を越えてしばらく歩くと左側に不思議な入り口があります。民家の玄関かと思いきや引き戸の奥には朱塗りの小さな鳥居が見え、なにやら妖しげな空気を漂わせているのです。

思い切って引き戸を開けてなかに入ると、人ひとりがやっと通れるくらいの細い路地奥に小さな祠があり、その横には井戸があります。

これは丑の刻参りで知られる〈鉄輪《かなわ》の井〉です。今は枯れてしまっていますが、この井戸の水を相手に飲ませれば縁が切れると言われていた、なんともおどろおどろしい井戸なのです。

遠いむかしの迷信かと思えば、決してそうではありません。井戸の蓋の上にはペットボトルに入ったミネラルウォーターが置かれています。ひと晩この井戸の上に置いておくだけでも効果覿面《てきめん》と言われていますから、悪縁を切りたいひとが置いたのでしょう。

さらに驚くことには、すぐ真横には民家があり、ふつうに暮らしているのです。つまり路地の入り口はこの家の玄関口も兼ねていることになります。

特段の名所でもありませんから、京都人にすら、この〈鉄輪の井〉の存在はあまり知られていません。知らずに通り過ぎてしまいそうな、さりげなく潜んでいる路地にお能の演目にもなっている伝説が残されている。これが京都という街の奥深さなのです。

この堺町通を少し北に上がると、おなじく左側に源氏物語で有名な〈夕顔〉の石碑が建っています。

この辺りには夕顔町という町名が付いています。〈夕顔〉。源氏物語の作中人物です。たとえ架空の人物だったとしても、それが京都という街に馴染むなら、町名にしてもやぶさかでない。これが京都人の心意気、と言えばいささか大げさでしょうか。

夕顔が光源氏の寵愛《ちょうあい》を受ける切っ掛けとなったのが、垣根に咲く夕顔の花。その邸のあった場所が五条辺りとされていることから、堺町通と高辻通が交わる、この辺りだろうと推し量ったに違いありません。

垣根ならぬ、民家の柵越しに〈夕顔之墳〉と刻まれた石碑を見ることができるのです。

むかし紫野の雲林院に住む僧が、夏安居《げあんご》という夏の修行を終えようとしたころ、毎日供えてきた花のために立花供養を行っていました。

そんなある日の夕暮れどき、ひとりの女が白い花を供えに来ました。僧が花の名を問うと、〈夕顔〉だと答え、五条辺りに住むとだけ言い残して去って行きます。

女が霊だと知った僧が訪ねてみると、〈夕顔〉の霊が現れて舞を舞います。

能の演目〈半蔀《はしとみ》〉の舞台もこの辺りなのでしょう。

誰もがその名を知る有名な通りではなく、知らず通り過ぎてしまいそうな細道が、長く続く能の演目の発祥の地となっていることに、今さらながら驚かされます。

京都の道を歩くことは、その歴史のひとコマを垣間見るとともに、すぐれた伝統芸能や文化の一端に触れることでもあるのです。

第四章

しずかな京都を味わう

しずかに本物の京料理を味わう

美味しいものを食べるときにもまた、しずかな京都であってほしいものです。

コロナ禍によって少しは落ち着きましたが、インバウンドもあったせいで、近年の京都では、店によってはしずかに味わうことが難しくなってきました。

いわゆる人気店に客が集中したからです。

とんでもなく長い行列ができる店や、何か月も前から予約しないと入れない店で、しずかに味わうことは容易なことではありません。

ガイドブックやテレビの旅番組で、たびたび紹介されるお店も同様です。

食べる、というより、ＳＮＳなどを使ってひとに見せることを目的にしたお客さんで溢れ返るからです。

しずかな京都を味わう。

そのためには、地元で愛されているお店に足を運ぶことです。

あるいは、昨日今日ではなく、古くから都人に愛され続けてきているお店を選ぶことです。そこにはきっと、しずかな京都の美味があるはずです。

釜めしのある居酒屋でなごむ

京都の和食屋さんでもっとも人気が高いのは板前割烹だということに異論はないでしょう。

割烹と名が付いていてもいなくても、カウンター席がメインで、目の前で料理ができ上がる様子を見ながら食事を愉しむ。ここ十年ほどのあいだにこのスタイルの店が京都中いたるところにできました。

主人はたいてい若い料理人さんです。人気店で数年ほど修業して独立するというパターンがほとんどです。

パトロンというかオーナーが別におられるところも少なくないようで、まだ三十代前半、さらには二十代後半といった若い料理人にはいささか不釣り合いなほど立派なお店です。

この手のお店の特徴は、おまかせコースのみで、食事開始が一斉スタート、という給食方式です。一万円台半ばから三万円台半ばといったところが主流ですから、ぼくなどから見れば高級店なのですが、何か月も先まで予約が取れない人気店ばかりなのが、なんとも不思議です。世の中には酔狂なお客さんがたくさんおられるのでしょう。

居酒屋の話のはずが横道にそれてしまいました。本筋に戻しましょう。

これらの割烹にはある共通点があります。それは〆に土鍋で炊いたご飯を出し、その炊き上がりを客に見せるパフォーマンスをクライマックスとしていることです。

白いご飯のこともありますが、たいていは季節の食材を一緒に炊き込みます。そして炊き上がったばかりの土鍋を両手で持って、料理人が客に披露するのです。と、当然のごとく、お客さんたちはこぞってスマートフォンで写真を撮る。まるで披露宴のケーキカットの瞬間のようです。

〈映え〉大好きなお客さんたちに支えられている今どきの割烹もどきと違い、おなじ土鍋ご飯でも、むかしながらの釜めしスタイルを貫いている居酒屋さんをお奨めしたいと思います。

〈映え〉を狙うパフォーマンスではなく、本当に美味しい土鍋ご飯を食べてほしい。そんな気持ちが伝わる二軒の居酒屋さんです。

一軒は京都随一の繁華街、四条河原町のほど近くにあって、西木屋町《にしきやまち》の細道に暖簾を上げる『月村』です。

木屋町通のひと筋西にある西木屋町通は車も通れない細道ですが、曲がりくねっていて、美味しいお店がひしめき合っている、いかにも京都らしい佇まいの道です。

昭和二十年創業ということですから、ちょうど終戦の年になりますね。まだまだ混乱が続いていたなかで暖簾を上げた居酒屋さんが、令和の今まで連綿と続いているのは素晴らしいことだなぁと、お店へ行くたびに思います。

『神馬』や『ますだ』とおなじく、いかにも文人が好みそうな空気が流れていて、喧騒とは無縁の雰囲気のなかで、しずかにお酒と料理が愉しめます。

ここでのお目当てはもちろん釜めしですが、そこに行き着くまでの時間を愉しむのが『月村』流です。

ひとりならカウンター席といきたいところですが、わずか三席しかありませんから、たいていはテーブル席です。壁に掛かる短冊形の黒い木札に白く書かれた品書きを見ながら、まずは一献。

年季の入ったビニールケースには、冷酒、さけ、ビールなどと飲みものの品書きがしごくあっさりと書かれています。銘柄を列挙することのない、この辺りもむかしながらの流儀です。

冬なら牡蠣や河豚、春なら山菜や筍など、季節の料理が豊富に揃いますが、一年を通しての人気メニューはといえば〈昔ながらのしゅうまい〉。『月村』に来てこれを食べなかったことなど一度もありません。

小鉢に盛られた蒸したてのシュウマイにからしをたっぷりつけて、むせながら熱々を頬張ったところで釜めしを注文します。炊き上がるまでにおよそ三、四十分かかりますから、逆算して頼んでおくのです。具材を選べますが、ミックスにするといろいろ愉しめます。

『岡田屋五郎』名物、蟹味噌クリームコロッケ

場所も店の雰囲気もまったく異なりますが、おなじく〆の釜めしまでの時間を愉しむ居酒屋が洛北は堀川今宮にあって、店の名を『岡田屋五郎』と言います。

広い堀川通に面したマンションの一階に暖簾を上げる店は、まだ若い店主夫妻とスタッフで営まれていますが、いつ訪れても居心地がよく、季節の食材を使ったメニューも豊富で、どなたにもお奨めできる居酒屋です。ひとりでも、ふたりでも、家族連れでも快く迎え入れてくれ、料理もしごくていねいに作られているので、満ち足りた気分で過ごせます。

ポテトサラダやホッケといった居酒屋の定番メニューもほかとはひと味違うので、かならず注文しますが、冬限定のカキフライは絶品と言ってもいいほどで、蟹味噌クリームコロッケとともに、このお店のイチ押しメニューです。

〆は釜めしもいいのですが、ひと切れ二百円という手ごろな価格で味わえるサバ寿しもお奨めです。しずかな居酒屋さんでしずかにお酒と料理を愉しみましょう。

京の出会いもん〈いもぼう〉と〈にしん蕎麦〉

グルメという言葉は陳腐なようでいて、それに代わる言葉が見つからないせいか、長く使われ続けています。言い換えれば、〈美味しいもの〉に過ぎないのですが、美食とも言い切れないし、贅沢という言葉も当てはまらないし、グルメ番組や、グルメ特集という言葉がすっかり定着していることもあって、やむを得ず使ってしまいます。

京都のグルメといえば決まって挙がるのが〈おばんざい〉という言葉です。

本来は野菜や乾物を主とした、日常の質素なおかずのことを〈おばんざい〉と呼ぶのですから、グルメという言葉とは相反するように思うのですが、勘違いしたメディアの呼び方が一般に広く浸透してしまい、その語法が定着するのは困ったことです。

これまでもほかの拙著に何度も書いてきましたが、〈おばんざい〉の〈ばん〉は順番の番を表していて、毎月決まった日に決まったおかずを食べるローテーションから派生した言葉なのです。したがってこれをお店で出すことなどなかったのですが、〈おばんざい〉=京のごちそうの一種、となってしまった今では、〈おばんざい〉を売り物にする料理屋さんも少なくありません。これも時代の流れなのでしょう。

それはさておき、〈おばんざい〉というものは実によく考えられていて、安価で保存性の高い食材を組み合わせながら、手軽で美味しい料理に仕立て上げるのです。

その発想の元となっているのが〈出会いもん〉という言葉です。おもにふたつの食材を組み合わせ、京都ならではの美味を生み出す。それはまた、京料理と呼ばれるものの原点でもあります。時代に応じた創作料理も悪くはありませんが、先人の知恵によって生み出され、長く京の地に根付いている料理もたいせつに守り続けたいものです。

その〈出会いもん〉の代表とも言えるのが、〈いもぼう〉という料理です。

海老芋と棒鱈《ぼうだら》を炊き合わせたものを〈いもぼう〉と言いますが、実はどちらも京都でとれるものではありませんでした。

江戸時代の中ごろ、宮仕えの傍ら蔬菜《そさい》を栽培していた平野権太夫が、九州土産として下賜された唐芋を栽培したところ、海老に似た縞模様の立派な芋に育ったので、当時は貴重な献上品として知られていた棒鱈と炊き合わせることを考案し、名物になったと伝わっています。

言うまでもなく棒鱈は北海道産で、それが京都という地で九州渡来の芋と出会ったことで美味となったわけです。

これをして〈出会いもん〉と呼ぶのですが、ただふたつの食材を取り合わせたというだけでなく、海老芋から出る灰汁が棒鱈をやわらかくし、棒鱈を炊くときに出る膠質《こうしつ》が海老芋を包んで煮くずれを防ぐ、といった具合に互いに補い合うのが最大の特徴です。

このように素材の取り合わせが理にかなっているからこそ、連綿とその料理が受け継がれ、今の時代にも残っているのです。

おせち料理で棒鱈料理をお作りになったことがあるかたならお分かりいただけると思いますが、乾燥した棒鱈を水で戻し、長い時間をかけて料理するのには大変な手間がかかります。海老芋もしかりですから、〈いもぼう〉を家庭で作るのは困難です。それゆえ、ほかのおばんざいとは違い、お店で食べるのが一般的です。

創業者である平野権太夫からの一子相伝をかたくなに守り続け、今にいたるまで名物〈いもぼう〉の味を極めているのが、円山公園のなかにある『平野家本家』です。すぐ近くに似たような名前のお店があるので注意が必要です。

お豆腐や小鉢、お吸い物が付いた〈月御膳〉なら気軽に名物〈いもぼう〉を味わうことができます。

『平野家本家』が味を極めた〈いもぼう〉

海老芋と棒鱈が互いにその特質を補い合うことから、このお店では〈めおと炊き〉と呼んでいますが、たしかに言い得て妙だなといつも思います。ふたつの食材が合わさることでより旨みが増す。よくぞ考えられたものだと感心します。
〈出会いもん〉と呼ばれる料理はほかにもたくさんあって、筍とわかめを合わせた〈若竹煮〉や、身欠きにしんと茄子を合わせた〈にしん茄子〉、いかと小芋の〈いか小芋〉などがその代表ですが、その変化球とも言える〈出会いもん〉が〈にしん蕎麦〉です。

師走の吉例顔見世興行で知られる『南座』の傍らに店をかまえる『松葉』はにしん蕎麦発祥の店と言われています。

にしんはもちろん、蕎麦も決して京都の名産品ではありませんが、そのふたつが合わさると京名物になる。これも〈出会いもん〉と呼んでいいでしょう。

甘辛く煮つけたにしんが、京都ならではの淡いお出汁と混ざり合い、得も言われぬ美味を生み出します。うどんとおなじく、京都の蕎麦はいくらかやわらかめなので、おつゆの味がよくからんで、食べ終えるとほっこりとする味わいです。

古き良き名店洋食をカジュアルに味わう

京料理やおばんざいなどの陰に隠れていて、見過ごされがちですが、京都は伝統的な洋食の街としても知られています。

横浜や神戸、長崎といった港町のイメージと重なる洋食ですが、ハイカラ好きな都人は文明開化とともに、いち早く洋食を受け入れました。

日本の洋食の祖とも言える草野丈吉は、長崎に『良林亭』という洋食屋を開いたことで名高いのですが、その草野が明治十年ごろ、八坂神社の大鳥居前に『自由亭』と名付けた店を開いたのが、京都における洋食文化のはじまりとされています。

その後、京都の洋食は大きくふたつの道に分かれて発展します。ひとつは職人さんや学生さんの胃袋を手早く、手軽に満たす町衆系洋食として、学生街や西陣界隈で。もうひとつは、伝統的な西洋料理を贅沢に愉しむ場として花街を中心に発展を遂げてきました。

後者の代表とも言えるのが、かつて四条通の麩屋町通近くにあった『萬養軒』だということに異論はないだろうと思います。

創業は明治三十七年ですから老舗と呼んでいいでしょう。皇室とのゆかりも深く、京都を訪れるＶＩＰはかならずと言っていいほど、『萬養軒』へ立ち寄ったものです。

紆余曲折を経て、今は祇園花見小路に『ぎをん萬養軒』として店をかまえ、髙島屋京都店にも手軽な支店を出していますが、古くは唯一無二の存在として、その格調高さを誇る店でした。祖父母に連れられて四条の『萬養軒』で食事をしたときの緊張感たるや、半端なものではありませんでした。

――ここで、四条通りの〔万養軒〕へ出かけ、大好きな冷コンソメにヒレ・ステーキをやり、グリーン・サラダを一鉢食べ、ようやく活力がみなぎってくるのを感じた――

これは池波正太郎が書いた『食卓の情景』（新潮社）というエッセイの一節ですが、京都を旅していて夕方、お腹が減ってくると『萬養軒』で洋食を食べた、というエピソードをつづったものです。名だたる食通の文人御用達のお店ですから子どもが緊張して当然ですね。

そんな『萬養軒』の流れを汲む料理ながら、しごく気軽に足を運べるお店が四条大宮近くにあって、その名を『洋食彩酒アンプリュス』と言います。

二〇一七年の開業だそうですから、まだ歴史は浅いのですが、ご主人が長年『萬養軒』で腕をふるっていたこともあって、京都の洋食好きのあいだでは知られた存在になっています。

祇園祭発祥とも言われる神社と、細い通りを挟んだ向かいの角に建つお店は、四条通に面しているせいもあって、明るく入りやすい雰囲気です。お昼どきは手軽なランチが人気なようで、いつも混み合っています。

お昼もいいのですが、ぜひともディナータイムに訪れてみてください。ちょっとかしこまったときのご馳走として親しまれてきた、京都の古き良き洋食を、今の時代に合った新しいスタイルで味わうことができます。

明るいガラス戸を開けて店に入ると、キッチンとの境に設けてあるカウンターがあり、テーブル席はその奥という、京都独特のうなぎの寝床スタイルのお店です。

アラカルトメニューも豊富にありますが、いくつかのコースもあって、初めてならそのなかから選ぶのがいいでしょう。

お奨めは〈シェフのおすすめコース〉です。

『洋食彩酒アンプリュス』の一番人気〈アンプリュスプレート〉

アミューズとサラダが出て、前菜、スープ、メインディッシュ、デザートと続くオーソドックスな構成です。前菜はエスカルゴ二個を選ぶこともでき、パンかライス、コーヒーか紅茶を選ぶというのも、懐かしく感じます。
メインディッシュでは〈アンプリュスプレート〉が一番人気のようです。
ハンバーグ、海老フライ、クリームコロッケといった洋食の定番が、新鮮な野菜とともに品よく盛り合わせてあります。おとなのお子さまランチ、といったところでしょうか。デミグラスソースをはじめ、伝統的な本格洋食ながら、肩ひじ張らずに愉しめるのがこのお店の一番の魅力です。

カトラリーレストにはお箸もセットされていますが、こういう料理のときはナイフとフォークを使いたくなりますね。分厚い手触りも懐かしく、シブい銀の輝きも美しいなぁと思ってよく見ると、クリストフルの刻印がかすれているのが見えました。さすが『萬養軒』の流れを汲む店だと感心しながら、さらに目を凝らしてみると、なんとあの『萬養軒』のMの字をかたどったシンボルマークがかすかに見えるではありませんか。

さまざまな思い出がよみがえり、時計の針がぐるぐると逆戻りしました。

さりげなく。このお店の心地よさはこの言葉につきます。料理はもちろん、その歴史を声高に自慢することなく、さりげなく供される料理。伝統や本格というものは、このさりげなさによって輝くものだと教えてくれる貴重なお店です。

かしわを味わう

京都では鶏肉のことを〈かしわ〉と呼ぶのが一般的でした。ぼくが子どものころ、我が家の年賀状には決まって鶏の絵が描かれていて、かしわいという苗字とかしわを重ねておもしろがっていたのです。もう六十年以上前のことです。

当時は鶏肉屋さんのことを〈かしわ屋〉さんと呼んでいましたが、それは鶏の胸肉と柏の葉っぱがよく似た形だったからだと言われています。今思えばそれほど似ているとも思えないのですが、馬肉を〈さくら〉、猪肉を〈ぼたん〉、鹿肉を〈もみじ〉と呼ぶ御所言葉にならったのかもしれません。動物を植物に言い換えることで、少しばかり肉食の罪悪感を減らそうとしたという説もあります。

さてその〈かしわ〉ですが、むかしの京都では、牛肉と並ぶご馳走でした。

今夜はすき焼き。そう母が宣言すると、牛か〈かしわ〉かどっちだろう、と胸を高鳴らせたものです。

近所にはかならずと言っていいほど、馴染みの鶏肉屋さんがあり、そこで新鮮な〈かしわ〉を買い求め、家で焼いたり煮たりして食べるのが一般的でした。

あるいは洛北のほうのおうちでしたら、庭で飼っているニワトリをつぶして客人にふるまう、ということも少なくありませんでした。

それほどに馴染みが深かったせいか、〈かしわ〉をお店で食べることは稀だったように記憶します。京都に焼鳥屋さんが少ないのはそのせいだとも伝わっています。チェーン店を除けば、焼鳥専門店というのは長いあいだ京都の街ではめったに見かけませんでした。牛焼肉屋さんの多さに比べれば圧倒的に焼鳥屋さんは少なかったのですが、近年は急激に増えてきました。

東京や地方の人気焼鳥店が進出するのが目立ってきたのですが、会員制をうたったり、高額コースだけの提供だったりと、本来の焼鳥屋さんの姿とはあまりに違うので、いっこうに足が向きません。牛肉に比べて、鶏肉は手ごろな値段で食べられるもの、というイメージが京都には定着しているからでもあるでしょう。

店の奥がかすんで見えてしまうほど、炭火の煙がもうもう、といったお店ではなく、しずかに美味しい〈かしわ〉が食べられるお店を二軒ご紹介しましょう。

一軒は洛北下鴨にある『山家《やまが》』。学生時代から通っている鶏料理屋さんです。

北大路通に面して建つお店は黒を基調としたシックなデザインで、いかにも隠れ家といった雰囲気を醸し出しています。

かつてはこのお店の西隣に鶏肉屋さんがあり、つまりはそこに併設された鶏料理屋さんというスタイルからはじまったのです。

当然のことながら、料理の素材となる鶏肉の鮮度と質は折り紙付きですから、安心して美味しい鶏料理に舌鼓を打てるというわけです。

『山家』というお店の名前が表すとおり、山里料理を得意とするのですが、海のものも豊富に品書きに並ぶのが特徴です。

〈かしわ〉のお造りはちょっと苦手、とおっしゃるかたには、若狭や瀬戸内の海から運ばれてきた魚介のお刺身もあって、さまざまな嗜好に対応してくれます。

牡蠣好きのぼくは、冬場になるとこのお店のカキフライを食べたくて訪ねることがよくあります。

もちろん主役は〈かしわ〉ですから、いろんな部位を煮たり焼いたりしてもらって味わっています。

この店でかならずオーダーするのが、〈とりきものしょうが煮〉。

まったく臭みのない新鮮なとりきもを、甘辛く味付けして針しょうがを添えただけのシンプルな料理ですが、お酒のアテによく合って、食べ進むうちに思わず笑みがもれてしまいます。

　このお店ではミンチボールや唐揚げなどの揚げものもたいてい頼むのですが、小さな子どもでも食べられるほどあっさりしているのが特徴で、老若男女、万人に向くお店です。

　もう一軒のお奨めは炭火焼鳥専門店です。河原町今出川を下ってすぐの河原町通に面した小さなお店には、『鶏たか』という提灯が上がっています。

『鶏たか』の〈スモーク〉

　キッチンを囲むL字型カウンター八席だけのお店には、もうもうどころか、煙の匂いすらしませんが、備長炭で焼いた種類豊富な焼鳥が存分に味わえます。
　日本酒、焼酎、ワインも揃っていて、小ざっぱりした設えのなかで、ゆっくりとした時間が流れます。
　数種類の部位の燻製《くんせい》を少しずつ盛り合わせた〈ス

モーク〉を前菜代わりにして、お酒を愉しみながら、どの部位を焼いてもらうかメニューを眺めるのも愉しいお店です。なによりうれしいのは、焼鳥は一本から注文できることです。塩焼、タレ焼、どちらにも合う山椒や柚子七味をかけて食べると、いつのまにか串入れがいっぱいになってしまいます。〆の〈鶏そば〉を平らげると満腹満足の大団円を迎えられます。

京都の肉料理には背骨がある

ぼくが京都の食を書くと、かならず牛肉の話が出てきます。むろんそれはぼくの好物だからでもありますが、今の京都の食文化を語る上で、牛肉は欠かせない存在だからです。拙著『おひとりからのひみつの京都』にも焼肉屋さんの紹介とともに書きましたが、地理的な優位性と、京都人のハイカラ好きのふたつが、京都で美味しい牛肉が食べられる理由となっています。

そこに加えるなら、すぐれた料理人の存在です。

長く日本の都として栄えてきた京都には全国から美味しい食材が集まり、同時に秀でた料理人も集まってきました。

老舗と呼ばれる料理店で修業を積んで、故郷に錦を飾ろうとする若いひとたちも含め、群雄割拠の様相を呈しているのです。

いくら良質の牛肉が集まってきても、それを美味しく調理する料理人がいないと美味は生まれてきません。独創性豊かな肉料理から、伝統的なものまで、さまざまな牛肉料理のお店が京都でしのぎを削っています。

ほかの街では見かけたことのない牛肉料理店が『御二九と八さい　はちべー』です。四条河原町という京都随一の繁華街のほど近く、車も通れない細い路地〈柳小路〉に暖簾を上げるお店はその店がまえも、出てくる料理も京割烹そのものですが、内容はいわゆる牛ホルモンがメインなのです。

〈牛タンハンバーグ〉や〈牛ネックのシチュー〉などのランチでもその片鱗をうかがい知ることができますが、この店の本領が発揮されるのは夜のおまかせコースですから、ぜひ一度足を運んでみてください。きっと内臓料理の概念が根底から覆されると思います。

最初に出てくる前菜の小鉢などは、どう見ても割烹店の小粋な和《あ》え物にしか見えないのですが、ハチノスやアキレス、ハツモトといった新鮮な内臓を使った料理なのです。瀟洒な白木のカウンターにこれらの小鉢が並んでいる姿を写真に収めても、きっと誰もそれが牛の内臓料理だとは思わないに違いありません。

この洗練が、京都ならではの牛肉料理なのです。

レバーペーストのサラダや、テールのすっぽん風、ウルテのから揚げなど、ほかでは味わえない料理が続き、ホホニクやシビレなどが目の前で焼かれ、タンのハリハリ鍋にいたるまで、十二種類ほどの肉料理が出てくるおまかせコースは七千七百円というリーズナブルな価格もありがたいところです。

『御二九と八さい はちべー』ハリハリ鍋

基本的に夕食はコースではなく、お酒のペースに合わせてアラカルトでオーダーしたいほうなのですが、このお店ではおまかせコースがあってよかったといつも思います。内臓の部位と味に精通していないので、なにをどう頼んでいいか分からないだろうと思うからです。
この店のご主人の実家は、割烹と居酒屋の垣根を取り払ったお店を、京都で最初にはじめたことで知られています。そんなバックボーンがあるからこそ、の洗練です。これが京都の強みだといってもいいでしょう。

店の名前が表すように、お肉もですが、美味しい野菜を食べられることでも知られたお店ですので、栄養のバランスも取れているのがうれしいところです。

バックボーンと言いましたが、陰で支えてくれる存在があることで、京都の美味しいお店は成り立っている場合がほとんどです。とりわけ牛肉料理店は、その仕入れ先によって左右されることが多い業界のようです。

京都で美味しいお肉は食べたいけど、懐石料理店と変わらないような高価なお店はできれば遠慮したい。

そんなリクエストにお応えしてお奨めしているのが、『肉専科はふう』というお店です。京都御所近くの本店でも聖護院支店でも、どちらのお店でもリーズナブルに京都らしい牛肉料理を堪能できます。

このお店のバックボーンはお肉屋さん。大正十四年創業のお肉の卸し会社の手になるお店なのです。

いわばお肉のプロが手掛けているのですから、食材については折り紙付きです。加えてお肉を卸しているお店のシェフとの交流から、美味しい牛肉料理のなんたるかを熟知していますので、お値打ち価格で上質の牛肉料理を食べることができるのは当然のことです。

聖護院支店は東大路通から聖護院通を東に入ってすぐのところにあります。『聖護院』や『平安神宮』にほど近いこのお店では、〈ハンバーグステーキ〉や〈はふう特選ビフカツ〉などのお肉料理が手ごろなランチ価格で食べられますが、本領を発揮するのはやはりディナータイムです。

ステーキやビーフシチューなどのアラカルトもありますが、お奨めは〈肉専科コース〉。お肉の炙《あぶ》り、牛タンのあっさり焼、サーロインステーキと極上のお肉を満喫できてのお値打ち価格にきっと驚かれるでしょう。京都のお肉の極みです。

お昼のうどん　夜のうどん

京都で軽くお昼を、となったら一番のお奨めはうどんです。

讃岐とも福岡とも大阪とも違う、京都ならではのうどんの最大の特徴は、麺ではなく〈おだし〉と呼ばれるつゆが主役ということです。

〈おだし〉を味わうためのうどんですから、麺によけいなコシがあるとじゃまになります。こし抜けとも、こし無しとも呼ばれる麺のやわらかさはそれゆえのことなのです。

京のお昼のうどんは、手軽に、短時間で済ますためのものですから、茹《ゆ》でるのに時間がかかるコシのある麺は敬して遠ざけることになったとも言われています。

なので、それがどんなに美味しくても、お昼のうどんを食べるために長時間並ぶとか、早めに行って整理券をもらわなければ食べられないうどんは、京都人の好みからは外れてしまいます。

洛中にあって、手軽に美味しいうどんを食べることができて、しかし長い行列ができることのないお店。まず一軒目は西木屋町蛸薬師、高瀬川沿いに店をかまえる『麺房 美よし』です。

昭和元年の創業という長い歴史を誇りますが、いたって気楽なお店で、酒瓶の並ぶカウンター席でも、高瀬川を見おろすテーブル席でも、手軽に美味しいうどんを味わうことができます。

いくぶん太めの麺で、こし抜けとまではいかない程度のやわらかさで、〈おつゆ〉を味わうには恰好のうどんです。

お奨めは餡かけ系。人気が高いのは〈カレーうどん〉です。少々値は張りますが、ほかのお店ではめったに見かけない〈カレー鍋焼きうどん〉もお奨めです。海老天、かしわ、油揚げ、温泉玉子などなど、具だくさんのご馳走うどんをぜひお試しください。

洛中の繁華街でもう一軒。寺町四条を下ってすぐのところにある『永正亭』は、街の真ん中にありながら、手ごろな価格で京都人に人気の高いお店。お昼どきは地元のサラリーマンなどで混み合いますが、回転が速いのでさほどの待ち時間はありません。

この場所でこんな値段でいいのだろうか。食べ終えていつもそう思いながらお勘定を済ませるお店のお奨めは〈特田舎そば〉のうどん台。蕎麦好きのかたはそのまま、うどんを食べたいときは、うどん台に代えてもらえます。大根おろし、きざみネギ、天かす、玉子、きざみ海苔と、うどんが見えないほどたっぷり具が載っています。これをかき混ぜながら食べるのがこの店の愉しみ方。値上げされていなければ五百八十円。これぞ京都のお値打ちうどんです。

洛中でもう一軒。『二条城』見学のあとさきなどにぜひお奨めしたいのが『三条 更科』。三条通にありながら、うっかりすると通り過ぎてしまいそうなほど目立たない店がまえ。

テーブルはたったふたつ。数人入れば満席になるような小さなお店ですが、むかしながらの設えにほっこり心を休ませながらお昼を食べられるうどん屋さんです。

表の看板にも書いてありますが、その値段の安さは特筆ものです。具が入っていない

〈うどん〉なら二百八十円。麺類のなかで一番高い〈上なべやきうどん〉でも六百八十円。場所柄を考えれば破格と言ってもいいと思います。

それでいて、味にぬかりはありません。京都らしい〈おだし〉がやわらかいうどんにからんで、はんなりした味のうどんを格安価格で愉しめます。

これらはほんの一例ですが、京都で美味しいうどんを食べようと思えば、長時間並んだりしなくても、市内のいたるところにある、むかしながらのおうどん屋さんに入れば、きっと失望されることはないと確信しています。

『うどんや ぼの』

お昼はこし抜けうどんのほうが好ましいのですが、夜にお酒と一緒にうどんを愉しむなら、少しばかりコシのあるほうがいいでしょう。〆のうどんとなればなおさらのこと。

お昼は行列の絶えないうどん屋さんが、夜はうどん居酒屋とも呼びたくなるような、お酒のアテがずらりとメニューに並ぶお店が洛北下鴨にあります。

『うどんや ぼの』は、いわゆる京都のこし抜けうどんとは違い、しっかりコシのあるうどんが食べられるお店で、スタンダードなうどんから、〈薩摩黒豚と九条ネギのつけ麺〉、〈明太子の和風カルボナーラ〉といった創作うどんまで、豊富な品揃えで人気です。

ぼくがこのお店に行くのはたいてい夜です。夜は〈夜ぼの〉と呼ばれていて、お造りから揚げ物、おばんざい、煮物などをお酒と一緒に味わいながら、途中で〈おしのぎ〉的に冷たいうどんを、そして〆にあたたかいうどんを、という流れで愉しんでいます。

途中で食べるのに最適なシンプルな〈ざるうどん〉は、麺の歯ごたえを愉しみます。讃岐うどんほど強くはなく、適度な弾力のあるうどんはなかなか京都では味わえません。

京都らしい昆布の味が利いた出汁を使った出汁巻き玉子は、かならず食べておきたい逸品です。ひとりならハーフサイズでも作ってくれるのがうれしいところ。〆はあたたかい〈京きつねうどん〉。大満足の夜うどんです。

京都洋食

数年ほど前から提唱してきた〈京都中華〉という言葉は、すっかり定着した感がありま す。京都独特の形で発展した中華料理屋さんをそう呼んだのですが、これに倣うなら〈京都洋食〉と呼ぶべき流れも当然あります。

手元に昭和六十一年に文化出版局から刊行された『京都味の店』という本があり、四百軒を超える料理屋さんが紹介されていますが、洋食屋として分類されているのはわずかに十四軒。そのなかで今もそのまま残っているのは、『ビフテキ　スケロク』、『河久』、『プラムクリーク』という、たった三軒だけです。

ただ、消えた十一軒の流れを汲む店は少なからず残っていて、〈京都洋食〉の糸をちゃんと紡いでいます。

〈たから船〉は『グリル小宝』、〈つぼさか〉は『洋食の店　みしな』という形でその味が受け継がれています。

それとは別に新たなスタイルの洋食屋さんも続々と開店し、新旧入り乱れての〈京都洋食〉が京都の食を豊かにしてくれています。

京都の洋食には一定のサイクルでブームになるメニューがあって、少し前はオムライスでした。その前はビフカツ、もうひとつ前はタマゴサンドだったような気がします。

そのあいだにローストビーフのブームがありましたが、これは京都だけでなく全国でもあったようです。

雑誌の京都特集などを見ていると、どうやら次はハンバーグがターゲットになったようですが、この洋食ブームにはあるキーワードが存在します。

オムライスのときは〈ふわとろ〉、タマゴサンドのときは〈パンからはみだすほど分厚い〉、ローストビーフのときは〈てんこ盛り〉でした。この加減によって、感動の度合いが変わってくるようで、それらが強ければ強いほど、食レポに力が入るというパターンです。

ハンバーグのキーワードはきっと〈溢れる肉汁〉でしょうね。

わざわざナイフを入れる瞬間を動画で撮影するお客さんも少なくないと聞いて、ちょっとげんなりしてしまいます。

馴染みのお店のシェフによると、肉汁が溢れ出るのがいいかどうかは、好みの問題であって、溢れ出るから美味しい、という図式はまったく成り立たない、ということでした。ちょっと細工をすれば、誰でも簡単に肉汁溢れるハンバーグを作れるそうです。

そんなことにとらわれることなく、京都では本当に美味しいハンバーグを味わってほしいものです。

京都は牛肉が美味しい街ですから、当然ハンバーグもおなじです。

もうとっくに店じまいしてしまいましたが、かつての京都には〈グリルミヤタ〉や〈富永〉、〈金平〉といった洋食屋さんがあり、ぼくも美味しいハンバーグに何度も舌鼓を打ったものです。

当時は人気店といっても、行列ができることもなく、何日も前からの予約など要らず、ハンバーグが食べたいと思いつけば、かならずどのお店かで食べられたものです。

今では少しでも人気が出ればそのお店に集中してしまうので、行列嫌いのぼくなどはなかなかありつけません。

その典型が賀茂川に架かる北大路橋のたもとにある『グリル はせがわ』です。

このお店から歩いて五分とかからないほどの近所に長く住んでいますので、ふらりとランチに出かけ、ハンバーグを頬張ったものですが、ここ数年ほどのあいだに行列店になってしまい、よほど時間をずらさないと長い時間待たないといけなくなりました。

今から二十年前、『京料理の迷宮』（光文社）という新書でこのお店のハンバーグを絶賛したころは、さほど混み合うこともなく、気軽に食べられたのですが。

そのころから味も変わらず、店の佇まいも変わらないのに、お客さんの数だけが激増してしまいました。喜んでいいのかどうか。悩ましいところです。『グリル　はせがわ』のむかしながらのハンバーグを食べたい。だけど待つのはいやだ。というときは、お店の一角にあるテイクアウトコーナーでお弁当を買い求めることにしています。おなじ味わいのハンバーグを賀茂川の河原でベンチに座って食べるのも乙なものです。ただし行楽シーズンには混み合いますから、予約の電話を入れておくことをお忘れなく。『グリル　はせがわ』のハンバーグを待たずに食べるもうひとつの裏技は、北山の奥にある支店『山の家はせがわ』に行くことですが、鷹峯の奥、山深い里にあって、車でしか行けませんから、それなりの覚悟が必要です。

いつもの食堂でなごむ

〈京都中華〉があり、〈京都洋食〉があるなら、ついでに、と言ってはいけないかもしれませんが、京都の食堂は〈京都食堂〉と呼んでもいいような気がします。

〈名店洋食〉のところでも書きましたが、町衆系と呼ばれる手軽な飲食店が京都に多いのは、職人さんと学生さんが大勢いるからです。

その代表とも言えるのが食堂。安くて美味しくて、よほどのことがなければ待たされることもなく、手早く食べられる、といういいことづくめのお店。

手前味噌を承知で言いますと、ぼくが『鴨川食堂』（小学館）という小説を書いてから、京都には食堂と名が付く店が急に増えてきたような気がします。

これまでは食堂を小ばかにしてきた食通のかたたちでさえ、食堂の価値を再認識されたようで、とてもいい傾向だと思っています。

そのことによって、食堂というジャンルの幅が大きく広がったこともうれしいですね。ワインが飲める食堂など、これまでは考えられなかった業態も出現し、食堂の価値がちょっぴり上がったようです。

逆に言えば、食堂と名が付いていてもいなくても、気軽に訪ねることができて、リーズナブルに美味しいものが食べられるお店は、このジャンルにくくってもいいかと思っています。

ビストロと名が付いていなくても、ビストロっぽいお店はビストロと呼びますし、フレンチと謳っていなくても、フレンチレストランと呼ばれる店はたくさんあります。

逆に、食堂と屋号に付いていても、何か月も先まで予約でいっぱいだというお店は、食堂というジャンルには入らないように思います。

たとえば『鉄板洋食 鐵』という洋食屋さんは、食堂と名乗っていませんが、もっとも食堂らしいお店だと思っています。

かつての京都府立体育館、今の呼び名なら『島津アリーナ京都』のほど近くにあって、お好み焼き屋さんを居抜きで使っている洋食屋さんです。

お好み焼き屋さんだったころの鉄板付きテーブルはそのままですから、ちょっと不思議な感じもしますが、恰幅のいいシェフが鉄板を駆使して調理する洋食は絶品です。

メニューは豊富にあって、揚げ物も焼き物もご飯ものも、なにを食べても安くて美味しいのですが、イチ押しはハンバーグです。

テーブルの鉄板ではないのが少し残念ですが、手ごねハンバーグを奥の鉄板で焼き、焼き立てを席まで運んできてくれます。お客さんが立て込んでいなければ、好みの量目を伝えてボリュームを加減することもできます。

冬場のカキフライも美味しいのですが、小さなステーキを焼いてもらって、ガーリックライスで〆る

『鉄板洋食 鐵』のハンバーグ

というパターンもこのお店ならではの贅沢です。

ホテルの鉄板焼きだったらいくらかかるだろう、なんて下世話なことをつい思ってしまいますが、ホテルに負けず劣らずの美味しさは折り紙付きです。

このお店をなぜ食堂のジャンルに入れているかといえば、このお店は〈子ども食堂〉を開いていることがあるからです。

常時というわけにはいかないでしょうが、ご主人の手が空いているときを利用して、地元の子どもたちに食事を提供するという、ボランティア活動を続けているのです。

子どもにとっての食堂なら、おとなにとっても食堂だとしていいでしょう。

京都の街には食堂と名が付くお店はもちろんたくさんありますし、そのほとんどが共通の屋号を付けていることがしばしばあります。

『相生餅食堂』、『千成食堂』、『大力餅食堂』、『みやこ食堂』などがそれで、暖簾分けされたお店や、系列店もありますが、まったく無関係のところもよくあります。

京都に住んでいて、これらのお店を一度も利用したことがないかたなどおられないだろうと思います。それほどに京都人に馴染みが深い食堂が京都のあちこちにあります。

これらの食堂のメニュー構成は大きく三つに分かれます。

麺類、どんぶりもの、定食類。たいていの食堂では、この三種類の料理を揃えていて、単品で、もしくは組み合わせて注文します。

京料理やおばんざいだけが京都の食だと思っておられるかたも少なくないでしょうが、京都に生まれて七十年近くが過ぎたぼくにとっては、これら食堂の味がもっとも京都らしいものだと思っています。

京都らしいメニューといえば、なんといっても餡かけ系です。油揚げを具にして餡かけにした〈たぬき〉や、玉子とじの餡かけの〈けいらん〉などは、どこの食堂にもありますので、ぜひお試しください。京都のうどんは麺ではなく〈おつゆ〉と呼ばれる出汁が主役だということをお分かりいただけると思います。

これらの餡はご飯にかけて丼にもできます。〈けいらん丼〉などは和風天津飯といった感じで、京都らしい逸品だと言えます。

小さな干菓子をお土産に

京都旅のお土産、一番人気は京菓子だそうです。

最近では和スイーツなどといった奇妙な名前で呼ばれるものもありますが、和菓子とスイーツはその成り立ちも意味合いもまったく別ものですから、混同しないようにしたいものです。

さて、その和菓子ですが、生菓子と干菓子の大きくふたつに分かれます。前者は文字どおり生もので、賞味期限も短く姿形もデリケートですから、お土産として持ち帰るのには、そうとうな注意が必要です。

いっぽうで干菓子のほうはおおむね賞味期限も長く、形も崩れにくいことからお土産向きだと思います。干菓子とひと口に言ってもさまざまなお菓子がありますが、ぼくがお奨めしているのは、ひと口サイズのお干菓子です。

和三盆糖で作られたものや、落雁《らくがん》、有平糖やこんぺいとうなどは、かさばらず、かつ見た目も愛らしくて、もちろん食べて美味しいので、恰好のお土産になると思います。

和菓子につきものと言えばお茶です。いや、正しく言うならその逆ですね。お茶と言えば和菓子がつきものです。

お茶席ではお茶と一緒に和菓子を愉しむのが決まりごとになっています。

お茶席では生菓子のことを主菓子《おもがし》と呼びますが、その主菓子は濃茶《こいちゃ》と、干菓子は薄茶とセットになっていると考えていいかと思います。

その詳細を書きはじめれば、本書一冊では足りないほどですから、詳しくは書きませんが、二種類のお菓子は濃茶、薄茶それぞれの味わいを引き立てるものだということはたしかです。

主菓子は上生菓子《じょうなまがし》とも呼ばれ、練り切り菓子、きんとん菓子などがあるのですが、それぞれに銘が付いているのが特徴です。

基本的に主菓子には抽象的な意匠が施されています。その季節の風物をイメージしたデザインですが、一見したところ、それがなにを表しているのか分からないこともあります。イマジネーションを働かせるのもお茶席での主菓子の愉しみのひとつなのです。

いっぽうでお干菓子はおおむね具象的な意匠が施されています。たとえば桜の季節ですと、桜の花びらをかたどった和三盆や落雁、桜色の有平糖など、ひと目でそれと分かることがほとんどです。

お茶席ではお菓子の水分量によって、はっきりと生菓子と干菓子を区別しませんが、一般的にはそのお菓子に含まれる水分によって、生菓子と干菓子に分類されます。ほかの食品とおなじく、水分が少ないほど日持ちがよくなります。つまり持ち歩いてお土産にするには干菓子が向いているということになりますね。

前置きが長くなってしまいました。京土産としてお奨めしたいお干菓子をいくつかご紹介しましょう。

上品な甘さの和三盆、琥珀

まずは和三盆です。

打ちものと呼ばれる干菓子の一種で、和三盆糖を使ったものを和三盆と呼びます。落雁は歯ごたえがありますが、和三盆は舌の上ですーっと溶けるのが特徴で、あと味もすっきりしています。

和三盆でまずお奨めしたいのは『鍵善良房』の銘菓〈菊寿糖〉です。〈菊慈童〉という故事にちなんだ干菓子で、菊の花びらをかたどっています。ぼくが生まれて初めて食べた和三盆は、この〈菊寿糖〉だったのですが、世のなかにはなんと美味しいお菓子があるのだろうと夢中になったことを覚えています。

葛きりでも知られる『鍵善良房』は、京都を代表する民藝の設えも見ごたえがありますので、ぜひ四条通のお店を訪ねてみてください。

もうひとつ。和三盆でお奨めしたいのは、烏丸三条近くの姉小路通に古色蒼然たる店をかまえる『亀末廣《かめすえひろ》』の〈お千代宝〉です。半球の形をした白いお菓子のてっぺんに、ぽつんと紅色がさしてある、なんとも愛らしいお干菓子ですが、その菓銘のとおり、お祝いごとにも最適です。

お干菓子の一種に〈琥珀〉という、いわば半生菓子があるのですが、これを名物とする店が洛北西賀茂にあって、季節ごとに意匠が変わるので、ちょっとした手土産に重宝しています。

『霜月』

『上賀茂神社』から歩いて十五分ほどでしょうか。住宅街の一角に建つ『霜月《そうげつ》』の銘菓には〈琥珀〉という名が付いています。〈木の芽〉からはじまり、〈花桜〉、〈柚子蓼《たで》〉、〈花しそ〉、〈秋やまじ〉、〈福来心《ふくごころ》〉、〈初春〉と一年間、季節に応じた意匠の〈琥珀〉を愉しめます。文庫本を少し小さくしたような形で、厚さも二センチほどの箱にぎっしり十個入っていますから、かさばることなく持ち運べます。京都のお菓子をお土産に持ち帰りたいとおっしゃるかたには、まずこの『霜月』の〈琥珀〉をお奨めしています。

門前菓子は現地で食べるのが原則

お寺や神社がたくさんある京都では、門前茶屋というお店があちこちにできました。時代劇などでよく見かける、お店の前に毛氈を敷いた床几《しょうぎ》をならべて、そこでお茶菓子を出すという、あんな感じの茶店です。

むかしはひとが多く集まるお寺や神社の参道には、かならずと言っていいほど、名物菓子を売り物にする門前茶屋があったそうですが、時代とともに減っていきました。お参りのあとさきに門前茶屋で一服するなどという、悠長なことをしていられなくなったのでしょう。お菓子が画一化したのも一因かもしれません。

かろうじて今の時代にも残っている門前菓子は、むかしの茶屋をしのびつつ、ぜひともその場で食べたいものです。

時代劇のロケにも使われるほど、むかしの門前茶屋の姿を今に留めている代表といえば、『今宮神社』の参道に店をかまえる二軒のあぶり餅屋さんです。

あぶり餅の店には本家と元祖がある

向かい合った二軒。それぞれに贔屓が付いていて、どちらも繁盛していますから、互いの商売を牽制するような素振りは、まったく見せません。

しかしながら、ひとたび暖簾や看板に目を遣ると、〈本家〉〈元祖〉〈正本家〉〈根本〉〈血續〉などの字が双方の店に躍っていて、これはこれで火花を散らしているのかもしれないと思います。内と外では様子が異なるのも京都らしいところですね。

京都には、こうした同業の店が近くでしのぎを削ることもあれば、おなじ屋号で競い合うことも少なくありません。

とある蕎麦屋さんでのことです。

店で蕎麦をすすっていて、以前おなじ屋号の他店へ行ったことを思い出し、関係を聞いてみたら、主人の顔色が見る間に変わり、「まったく関係ありまへん」と怒鳴られたことがあります。きっと複雑な経緯があるのでしょう。京都ではうっかりがおおごとになりますので、充分ご注意を。

それはさておき〈あぶり餅〉。こちらの店のほうが甘い、だとか、こっちは餅が固いだとか、さまざまな感想を持たれるかたも多いようですが、ぼくなどは、なんとなくの相性で贔屓を決めました。味も大事ですが、なにより居心地を優先したいのです。

『加茂みたらし茶屋』のみたらし団子

その名にも〈茶屋〉が付いた『加茂みたらし茶屋』も典型的な門前茶屋です。

串に刺した団子に、とろりと甘いタレのかかった、みたらし団子。その語源は、世界文化遺産でもある『下鴨神社』の御手洗池にあって、ある不思議な話が伝わっています。

後醍醐天皇がこの神社を参詣され、御手洗池で水を掬おうとしたところ、最初に泡がひとつ浮かび、しばらく経ってから四つの泡が立て続けに浮かんだのだそうです。

それを人の五体に見立て、人形を模して作られたのが、みたらし団子です。そういう訳で団子の数は五つで、四つとひとつのあいだに隙間があるのは伝承に従ってのことなのです。

『加茂みたらし茶屋』のみたらし団子

やがて神社の神饌《しんせん》ともなったみたらし団子は、ただの門前菓子だけでなく、五体を健全に保つ厄除けの意も込められているといいます。

『下鴨神社』の西側、下鴨本通に面して店をかまえる『加茂みたらし茶屋』は、伝承どおりのみたらし団子が食べられます。

門前茶屋のお菓子ひとつにも、伝説にのっとった由来が残されているのも京都ならではのことでしょう。

発祥は『下鴨神社』なのですが、このみたらし団子が一躍脚光を浴びる機会となったのは『北野天満宮』でのことです。

秀吉が、開いた北野大茶会の際にみたらし団子を献上されて大いに気に入り、境内の団子茶屋を公許したと伝わっています。それゆえ、五花街のひとつである上七軒は、今も五つ団子を紋章にしているのです。京の歴史はおもしろいですね。

しずかな宿に泊まる

数え切れないほど京都旅をしている。そんな京都リピーターのかたでも、宿となるとたいていは旅館ではなくホテルを選ばれます。せっかくの京都ですから、情緒漂う日本旅館に泊まればいいのに、と思いますが、ホテルは利便性が高く気楽だからと思われているのでしょう。それは非常にもったいないことです。

コロナ禍の前、インバウンド全盛のころはホテルが足りず、春秋の旅行シーズンともなると、ホテルが取れないという悲鳴のような声がしばしばぼくの耳にも届きました。

そんな声に応えるべく、京都の街ではすさまじいホテルの建設ラッシュが続き、コロナ禍によって少し落ち着くかと思いきや、ホテルの新規オープンブームはとどまるところを知りません。コロナ後を見込んでのことでしょう。超が付くような高級ホテルから、手ごろな価格のビジネスホテル、京都らしい風情を湛えた町家旅館まで、新たな宿が次々とオープンしています。

予想以上に長引いているコロナ禍で、果たして宿泊客が以前のように戻ってくるのか。期待半分、不安半分といったところでしょうか。

そんな流れをよそに、変わらぬ商いを続けている日本旅館があって、それが河原町御池近くに建つ『俵屋』です。

コロナ以前は年間二百数十泊を超えるほど旅を重ねていたぼくは、自他ともに認める宿フリークでもあるのですが、数え切れないほど泊まってきた日本旅館のなかで、いまだ

『俵屋』を超えて居心地のいい宿に出会ったことがありません。もちろん私見ではありますが、日本一の名旅館だと断じています。

では、なにをもってして日本一と呼ぶのか、どこがどういいのか。具体的に指摘してほしいと言われれば、困り果ててしまいます。物書きの端くれとしては恥ずべきことかもしれませんが、いわくいいがたい魅力がある、としか言えないのです。あるいは、泊まってみないと『俵屋』の良さは理解できない、と。

宿というものは基本的に寝所です。まずは快適に休むことが第一条件ですが、『俵屋』ほど快眠できる宿はありません。それは吟味し尽くされた寝具のおかげでもありますが、なにより宿のなかを流れるおだやかな空気が、安らかな眠りを生み出してくれるのです。

そうです。『俵屋』は本書のタイトルでもある〈しずかな〉を色濃く感じられる宿なのです。『俵屋』が建つ麩屋町通姉小路上ルという場所は、京都の繁華街の中心といってもいい土地で、閑静とはいいがたいところです。それなのに、宿のなかはとてもしずかなのです。

京都に家がありながら、ぼくは何度もこの『俵屋』に泊まっています。それほどの魅力を秘めているのですが、そのたびにあまりのしずけさに驚き、不思議に思ってきました。

『俵屋』に泊まるときは、いつも午後三時にチェックインし、宿から一歩も出ることなく、翌日の朝十一時にチェックアウトするのですが、そのあいだ、ほかのお客さんに会ったことが一度もないのです。それが最大の不思議です。

世界的にも人気の宿ですから空いていることはありません。たいてい満室ですから、当然ほかにもお客さんが大勢泊まっておられます。しかも人気の高いライブラリーをはじめとしたパブリックスペースもあるのです。にもかかわらず出会わないというのはどういうことなのか。のみならず、話し声や物音すら聞こえないのです。

『俵屋』は防音設備の整った近代建築ではなく、むかしながらの日本家屋です。ふつうならいろいろな音が聞こえてくるはずです。どんなひみつがあるのだろう。いつもそう思います。

『俵屋』の魅力。それは朝夕の食事にもあります。客室に運ばれてくる料理のすべてが心を満たしてくれる。三ツ星料亭や割烹に一歩も引けを取らないどころか、それらをも凌駕《りょうが》する料理は、泊まらずに食べられれば通い詰めたくなるほどです。

『俵屋』の設えは日本文化の粋を結集したと言ってもいいほど素晴らしいものです。ただ贅を尽くすだけならほかにもあるでしょうが、当主の美的センスが織りなす調度はため息が出るほど美しいのです。その空間で食事できるのですから、これ以上の贅沢はありません。

この立地ですから、もちろん温泉はありません。しかし温泉旅館以上に快適なお風呂が備わっているのも『俵屋』の大きな魅力です。

チェックインして部屋に通されると、まずはお風呂に入ります。芳しい高野槙の湯舟には適温の湯がたっぷりと張られているからです。部屋にもよりますが、よく手入れの行き届いた庭を眺めながら湯に浸かればまさに極楽です。

半年も先まで予約の取れないいお店だとか、何年も連続して三ツ星を取る料理人の店にばかり目を奪われず、たまには『俵屋』に泊まって一日を過ごせばきっと目からうろこが落ちるはずです。決して安価ではありませんが、実に真っ当な価格設定ですから、きっと満ち足りてチェックアウトできることでしょう。

いいお風呂、いい料理、そしていい寝具。どれもが上質を極めていて、しかも気遣いは第一級となれば、泊まらない理由がありません。

おわりに

令和四年。京の桜は見事に咲き誇りました。

花が開くのを待っていたかのように規制が解除され、多くの人々が桜の花に酔い、春爛《らん》漫《まん》を喜び合ったのです。

京都御苑に、鴨川の河原に、神社仏閣に、都大路に、こんな多くの笑顔が行き交うのは、いつ以来だろうか。そんな感慨を抱きながら、京の花見を存分に愉しんだ春でした。

令和四年の祇園祭も、三年ぶりに山鉾巡行も再開することが決まりましたから、さぁ、これでいよいよ京都も元どおりににぎわいを取り戻すだろうと、観光業や飲食業、宿泊業のかたたちは期待に胸を膨らませていますが、果たして期待どおりになるかどうか、まだ予断を許しません。

桜の花が散るとともに、また観光客の姿が消えてしまいました。潮が引くように、という表現がありますが、まさしくそんな感じになりました。

桜が咲いているころは、人気レストランはどこも満席続きで、予約を取るのが難しい状況でしたが、ゴールデンウィークを間近に控えた四月半ば過ぎ、たいていのお店は容易に予約が取れるようになりました。

驚いたのは、ゴールデンウィーク中でも予約が取れるということでした。それは宿泊施設でもおなじです。

緊急事態宣言も出されていませんし、今のところまん延防止等重点措置も発令されそうな気配もありません。それなのに以前のようなにぎわいはどこへやら。公的な規制がされていなくても、外出を自粛されているのでしょうか。

どうもそうではないようです。

おそらくは皆さんの行動様式というか、ライフスタイルが変化してきたことによるものだろうと思います。

京の桜を見る、という明確な目的があるときには混雑覚悟で訪ねても、連休だからというだけなら密を承知で訪ねることはない。きっとそんな思いなのでしょう。

もしもこの流れがこれからも続くのだとすれば、しずかな京都も続くだろうと、大いに期待が持てますね。

本書のタイトルを『おひとりからのしずかな京都』と名付けたのは、切なる願いだったのですが、どうやら現実に近づきつつあるようです。

ただし、繰り返し書いていますように、時季や場所によっては相変わらず喧騒に包まれた京都になることでしょう。それでも、季節や場所、時間を少しばかりずらすことで、うまく喧騒から逃れられます。

ちょっと補足しておきましょう。ここ数年の傾向から推しはかると桜は早め、紅葉は遅め、がお奨めです。桜は三月二十日前後、紅葉は十二月に入ってから、ならピークを外せるので、いくらか〈しずかな京都〉を愉しんでいただけるかと思います。

場所で言えば、洛北の住宅街に注目したいところです。『上賀茂神社』や『下鴨神社』などの世界遺産であっても、少しずらすだけで喧騒から逃れ、閑静な佇まいに包まれて歩くことができます。

飲食店については、タイミング次第になってしまうことはあらかじめご了承ください。本書を執筆している時点では、さほど知られていなくても、情報化が進んだ今日では、刊行後あっという間に人気店になってしまうことも少なくありませんので。

コロナ禍においては落ち着きを見せていた人気店の行列も、最近はまた復活の兆しを見せていて、時分どきには長い行列ができています。一極集中を避け、美味しいお店をご自分の足で探されることを強くお奨めします。思いがけぬ美味を見つけたときの喜びをぜひ味わってほしいのです。

それにはエリアを歩くのが一番です。本書でもお奨めしている紫竹地区などがその典型ですが、まだまだ知られざる名店が数多く潜んでいるのが、京都という街の奥深さです。京都に生まれ育って七十年が経ち、隅から隅まで知り尽くしているつもりでも、歩いていて偶然見つけたお店や寺社が少なからずあるのですから、本当に京都は深遠な街だとあらためて感じ入ります。

本書でご紹介した道筋や寺社、お店などは、ほんの一例だとご解釈ください。決してこれらがすべてではありません。ベストでもありませんし、格付けしたものでもありません。こういうところや、こんなお店が京都にはまだまだたくさんありますよ。広く名が知れたところばかりに目を奪われていると、こんないいものを見過ごしてしまいますよ。そう言いたかったのです。

みんなが密を避けるようになった今こそ、しずかな京都を愉しむ絶好の機会です。季節を、場所を、時間を少しだけずらして、京都を歩きましょう。そして、ぜひ自分だけのしずかな京都を見つけてください。

本書に登場する店・神社仏閣リスト

※営業時間・内容等につきましては、2022年3月時点のものです。ご利用前に必ず店舗にご確認ください。

第一章

奥深い魅力を湛える京の店

上七軒 ふた葉
京都市上京区真盛町719
075-461-4573
11時〜17時（売り切れ次第終了）
休 水曜休み　25日が天神さんの縁日の日は営業。代休あり

上賀茂のおいなりさん

上賀茂神社（賀茂別雷神社）
京都市北区上賀茂本山339
075-781-0011
5時30分〜17時

片岡山の裾野を歩く

大田神社
京都市北区上賀茂本山340
075-781-0907
9時30分〜16時30分

出水の七不思議を歩く

華光寺
京都市上京区出水通六軒町西入七番町331
075-841-5807
9時〜15時

光清寺
京都市上京区七番町339
075-841-5630

五劫院
京都市上京区　出水通七本松東入七番町348
075-801-3927

観音寺（今熊野観音寺）
京都市東山区泉涌寺山内町32
075-561-5511
8時〜17時

福勝寺
京都市上京区出水通千本西入七番町323-1
075-841-5818
5時〜17時（毎月1日・16日のみ拝観可）

玉蔵院
京都市上京区七番町326
075-811-3954

地福寺
京都市上京区七本松通出水下ル七番町356
075-841-7630

極楽寺
京都市上京区七本松通出水下ル三番町282
075-811-0807

新京極の七不思議を歩く

誓願寺
京都市中京区新京極桜之町453
075-221-0958
9時〜17時

安養寺
京都市東山区八坂鳥居前東入円山町624
075-561-5845
8時〜17時
＊〈倒蓮華の阿弥陀像〉は特別拝観時のみ公開

長仙院
京都市中京区裏寺町通六角下ル松ヶ枝町471
075-221-5179
9時～17時（要予約）

誠心院
京都市中京区新京極通六角下ル中筋町487
075-221-6331
9時～17時

染殿院
京都市中京区新京極通四条上ル中之町562
075-221-3648

街角信仰を見て歩く

三千院
京都市左京区大原来迎院町540
075-744-2531
9時～17時（11月 8時30分～17時、12～2月 9時～16時30分）

圓光寺
京都市左京区一乗寺小谷町13
075-781-8025
9時～17時

しずかにコーヒーを味わう

イノダコーヒ本店
京都市中京区堺町通三条下ル道祐町140
075-221-0507
7時～18時（L.O. 17時30分）

名曲喫茶 柳月堂
京都市左京区田中下柳町5-1 柳月堂ビル2F
075-781-5162
10時～21時（L.O. 20時30分）

祇園喫茶カトレヤ
京都市東山区祇園町北側284
075-708-8670
[月～土・祝前日の日曜] 10時～22時
[日曜・祝日の月曜] 10時～20時
休 不定休

ラテン
京都市東山区大和大路通四条下ル大和町8
075-561-4245
11時～19時
休 水曜休み

紅茶の香りを愉しむ

北山紅茶館
京都市左京区松ケ崎雲路町6-12
075-721-8586
10時～20時（L.O. 19時30分）
休 水曜休み

ティーハウス アッサム
京都市左京区鹿ケ谷上宮ノ前町53
075-751-5539
13時～17時
休 木曜休み

STARDUST
京都市北区紫竹下竹殿町41
075-286-7296
11時～18時
休 月曜・木曜休み

洛北紫竹で美に触れる

高麗美術館
京都市北区紫竹上岸町15
075-491-1192
10時～17時（入館は16時30分まで）
休 水曜休み（祝日の場合は翌日休み）

京都パン処 かめや

京都市北区大宮南椿原町14チェリス前田1F
075-492-3639
[平日] 7時～19時 [土日祝] 7時～18時
休 木曜休み

La. vie ふらわぁ

京都市北区大宮南林町73
075-492-1171
10時30分～17時
休 木曜休み（不定休あり）

花屋 みたて

京都市北区紫竹下竹殿町41
075-203-5050
12時～17時
休 [日曜・月曜] 休み [火曜・水曜・木曜] 予約制 [金曜・土曜] 予約なしで来店可

第二章

春は隠れ名所で桜を愉しむ

雨宝院

京都市上京区智恵光院通上立売通上ル聖天町9-3
075-441-8678
9時～17時

水火天満宮

京都市上京区堀川通上御霊前上ル扇町722-10
075-451-5057

本満寺

京都市上京区寺町通今出川上ル2丁目鶴山町16
075-231-4784
9時～16時

銀閣寺（東山慈照寺）

京都市左京区銀閣寺町2
075-771-5725
[3～11月] 8時30分～17時 [12～2月] 9時～16時30分

宝鏡寺

京都市上京区寺之内通堀川東入ル百々町547
075-451-1550
10時～15時30分
＊ひな人形は人形展開催時のみ公開

城南宮

京都市伏見区中島鳥羽離宮町7
075-623-0846
[参拝] 9時～17時30分 [神苑拝観] 9時～16時30分（受付は16時まで）

今宮神社

京都市北区紫野今宮町21
075-491-0082
9時～17時

遅咲きの桜をひとりじめ

仁和寺

京都市右京区御室大内33
075-461-1155
9時～17時（受付は16時30分まで）[12～2月] 9時～16時30分（受付は16時まで）

鞍馬寺

京都市左京区鞍馬本町1074

☎075-741-2003
🕐［本殿開扉］9時〜16時15分［霊宝殿］16時まで（月曜休み 祝日の場合は翌日休み）

夏は都人の習わしをしずかに辿る

八坂神社
📍京都市東山区祇園町北側625
☎075-561-6155
🕐9時〜17時（社務所）

平安神宮
📍京都市左京区岡崎西天王町97
☎075-761-0221
🕐6時〜18時［お守・お札・朱印］7時30分〜［神苑拝観］8時30分〜17時30分

出町ふたば
📍京都市上京区出町通今出川上ル青龍町236
☎075-231-1658
🕐8時30分〜17時30分
休 火曜・第4水曜休み（祝日の場合は翌日）

松屋藤兵衛
📍京都市北区紫野雲林院町28
☎075-492-2850
🕐9時〜18時
休 木曜休み

六道珍皇寺
📍京都市東山区大和大路通四条下ル四丁目小松町595
☎075-561-4129
🕐9時〜16時

秋はもみじの絨毯に息を呑む

安楽寺
📍京都市左京区鹿ケ谷御所ノ段町21
☎075-771-5360
🕐10時〜16時

真如堂（真正極楽寺）
📍京都市左京区浄土寺真如町82
☎075-771-0915
🕐9時〜16時

都人とともに祭事を愉しむ

上賀茂神社（賀茂別雷神社）
📍京都市北区上賀茂本山339
☎075-781-0011
🕐5時30分〜17時

梨木神社
📍京都市上京区染殿町680
☎075-211-0885
🕐6時〜17時（授与所は9時〜16時30分）

常林寺（萩の寺）
📍京都市左京区田中下柳町33
☎075-791-1788
🕐9時〜16時

大覚寺
📍京都市右京区嵯峨大沢町4
☎075-871-0071
🕐9時〜17時（受付は16時30分まで）

京都御苑
📍京都市上京区京都御苑3
☎075-211-6364
🕐8時30分〜16時30分

本当にしずかな京都を味わうなら冬がいい

下鴨神社（賀茂御祖神社）
📍京都市左京区下鴨泉川町59
☎075-781-0010
🕐6時30分〜17時

伏見稲荷大社
📍京都市伏見区深草藪之内町68
☎075-641-7331
🕐参拝自由［おみくじ・お守り授与所］7時〜18時

京都ゑびす神社
京都市東山区大和大路通四条下ル小松町１２５
０７５－５２５－０００５
9時～17時

吉田神社
京都市左京区吉田神楽岡町30
０７５－７７１－３７８８
9時～17時

雪が降ったら金閣寺には行かない

銀閣寺(東山慈照寺)
京都市左京区銀閣寺町２
０７５－７７１－５７２５
［夏季（3月1日～11月30日）］８時30分～17時［冬季（12月1日～2月末日）］９時～16時30分

南禅寺
京都市左京区南禅寺福地町
０７５－７７１－０３６５
［3～11月］８時40分～17時［12～2月］8時40分～16時30分
休 12月28日～12月31日休み

春夏秋冬すべてみごとな岩倉『実相院』

実相院門跡
京都市左京区岩倉上蔵町１２１
０７５－７８１－５４６４
9時～17時
休 不定休

お寺の苔を愛でる

西芳寺(苔寺)
京都市西京区松尾神ケ谷町56
０７５－３９１－３６３１
通常午前中のみ開門（申込状況によって午後開門することもあり）
＊参拝には予約が必要

西方寺
京都市北区西賀茂鎮守菴町50
０７５－４９２－５８８９

祇王寺
京都市右京区嵯峨鳥居本小坂町32
０７５－８６１－３５７４
9時～16時30分

東福寺
京都市東山区本町15丁目７７８
０７５－５６１－００８７
［4～10月末］９時～16時［11～12月第1日曜日まで］８時30分～16時［12月第1月曜～3月末］９時～15時30分

ひそかに金運を祈願する

御金神社
京都市中京区西洞院通御池上ル押西洞院町６１４
０７５－２２２－２０６２
10時～16時

金札宮
京都市伏見区鷹匠町八番地
０７５－６１１－９０３５

大黒寺(長福寺・薩摩寺)
京都市伏見区鷹匠町４
０７５－６１１－２５５８
9時～16時

雪月花の庭をめぐる

妙満寺
京都市左京区岩倉幡枝町91
０７５－７９１－７１７１
9時～16時

清水寺
京都市東山区清水1-294
075-551-1234
6時~18時［7~8月］6時~18時30分［夜間拝観期間］~21時30分
＊「月の庭」は春と秋のみの特別公開

北野天満宮
京都市上京区馬喰町
075-461-0005
［4月~9月］5時~18時［10月~3月］5時30分~17時30分

ふたばあおいめぐり2

西賀茂大将軍神社
京都市北区西賀茂角社町129
075-491-6623

久我神社
京都市北区紫竹下竹殿町47
075-491-6800

紫竹貴船神社
京都市北区紫竹西北町55

木嶋坐天照御魂神社(蚕ノ社)
京都市右京区太秦森ヶ東町50-1
075-861-2074

松尾大社
京都市西京区嵐山宮町3
075-871-5016
［平日・土曜］9時~16時［日曜・祝日］9時~16時30分

借景庭園を眺める

龍安寺
京都市右京区龍安寺御陵ノ下町13
075-463-2216
［3月1日~11月30日］8時~17時［12月1日~2月末日］8時30分~16時30分

本阿弥光悦が作庭した「本法寺の庭」

本法寺
京都市上京区小川通寺之内上ル本法寺前町617
075-441-7997
10時~16時

『正伝寺』の素朴な庭に癒やされる

正伝寺
京都市北区西賀茂北鎮守庵町72
075-491-3259
9時~17時

病を癒やす寺社

石像寺(苦抜地蔵・釘抜地蔵)
京都市上京区千本通上立売上ル花車町503
075-414-2233
8時~16時30分

仲源寺(目疾地蔵)
京都市東山区四条通大和大路東入祇園町南側585
075-561-1273
7時~19時30分(寺務所受付9時~16時30分)

赤山禅院
京都市左京区修学院開根坊町18
075-701-5181
9時~16時30分

蛸薬師堂
京都市中京区新京極通蛸薬師下ル東側町503
075-255-3305
8時~16時30分

護王神社
京都市上京区烏丸通下長者町下ル桜鶴円町385
075-441-5458
6時～21時（社務所受付9時30分～16時30分）

市比賣神社
京都市下京区河原町五条下ル一筋目西入ル
075-361-2775
9時～16時30分

『六角堂』のへそ石

六角堂（紫雲山頂法寺）
京都市中京区六角通東洞院西入堂之前町
075-221-2686
6時～17時（納経時間8時30分～17時）

鄙びたお寺の羅漢さん

石峰寺
京都市伏見区深草石峰寺山町26
075-641-0792
9時～16時

愛宕念仏寺
京都市右京区嵯峨鳥居本深谷町2-5
075-285-1549
8時～16時30分

化野念仏寺
京都市右京区嵯峨鳥居本化野町17
075-861-2221
9時～17時（16時30分受付終了／12～2月は15時30分受付終了）

京のゑびすさま

泉涌寺
京都市東山区泉涌寺山内町27
075-561-1551
［3～11月］9時～16時30分受付終了
［12～2月］9時～16時受付終了

今熊野観音寺
京都市東山区泉涌寺山内町32
075-561-5511
8時～17時

『日向大神宮』で伊勢参り気分を味わう

日向大神宮
京都市山科区日ノ岡一切経谷町29
075-761-6639
社務所受付は10時から15時

『永観堂』の見返り阿弥陀

聖衆来迎山無量寿院禅林寺（永観堂）
京都市左京区永観堂町48
075-761-0007
9時～17時（受付終了16時）

『須賀神社』の元祖ラブレター

須賀神社
京都市左京区聖護院円頓美町1
075-771-1178
9時～17時

『野宮神社』の黒木の鳥居

野宮神社
京都市右京区嵯峨野宮町1
075-871-1972

狛犬　狛狐　狛ねずみ

大豊神社
京都市左京区鹿ヶ谷宮ノ前町1
075-771-1351

第三章

京都を読み解くキーワードを辿る

2．祈

安井金比羅宮

京都市東山区下弁天町70
075－561－5127
9時～17時30分

3．艶

辰巳稲荷（辰巳大明神）

京都市東山区元吉町

常照寺

京都市北区鷹峯北鷹峯町1
075－492－6775
8時30分～17時

第四章

釜めしのある居酒屋でなごむ

月村

京都市下京区西木屋町四条下ル船頭町198
075－351－5306
17時～21時
休 月曜・月1回火曜休み

岡田屋五郎

京都市北区紫竹東高縄町51－3（堀川今宮上ル東側）
075－495－2205
17時30分～23時30分（L.O. 23時）
休 水曜休み（火曜不定休）

京の出会いもん〈いもぼう〉と〈にしん蕎麦〉

平野家本家

京都市東山祇園円山公園内（八坂神社北側）
075－525－0026
11時～20時30分（最終入店 19時30分 L.O. 20時）

松葉本店

京都市東山区四条大橋東入ル川端町192
075－561－1451
11時～19時（L.O. 18時45分）
休 水曜・木曜休み（祝日の場合は営業）

古き良き名店洋食をカジュアルに味わう

ぎをん萬養軒　本店

京都市東山区祇園町南側570－120 2F
075－525－5101
［ランチ］11時30分～15時（L.O. 14時）
［ディナー］17時～22時（L.O. 20時30分）
休 火曜・水曜休み

MANYOKEN style 京都 髙島屋店

京都市下京区四条通河原町西入真町52 京都タカシマヤ7F
075－252－7669
11時～21時30分（L.O. 20時10分）
休 髙島屋京都店と同じ

洋食彩酒アンプリュス

京都市中京区壬生賀陽御所町64－18 マ

キシムⅢ 1F
075-468-1987
[ランチ] 11時30分~13時30分 [ディナー] 18時~22時30分（LO 21時）[土日祝] 17時30分~
休 水曜休み（不定休あり）

かしわを味わう

山家
京都市左京区下鴨西本町7-3
075-722-0776
18時~24時（LO 23時）
休 木曜休み

炭焼 鶏たか
京都市上京区大宮町323-2 アーバン北村1F
075-212-9700
17時~21時（LO 20時30分）
休 日曜休み（不定休あり）

京都の肉料理には背骨がある

御二九と八さい はちべー
京都市中京区新京極四条上ル中之町577-17 1F・2F
075-212-2261
11時30分~14時最終入店（売切れ次第終了）／17時~21時30分最終入店
休 火曜休み

肉専科はふう 本店
京都市中京区麩屋町通夷川上ル笹屋町471-1
075-257-1581
11時30分~LO 13時30分／17時30分~LO 21時30分
休 水曜休み

肉専科はふう 聖護院
京都市左京区聖護院山王町8
075-708-8270
11時30分~LO 13時30分／17時30分~LO 21時30分
休 火曜休み

お昼のうどん　夜のうどん

麺房 美よし
京都市中京区西木屋町蛸薬師上ル角南車屋町288-2
075-211-7754
12時~14時30分（LO 14時10分）／17時~25時（LO 24時40分）／日曜・祝日12時~23時（LO 22時40分）
休 火曜休み（祝日の場合は営業）

永正亭
京都市下京区貞安前之町611
075-351-1970
11時~20時
休 水曜休み、1／1~3休み

三条 更科
京都市中京区三条通油小路東入塩屋町39
075-221-2776
10時~18時30分
休 日曜休み

うどんやぼの
京都市左京区下鴨松ノ木町59
075-202-5165
[ランチ] 11時~LO 14時 [ディナー] 17時30分~20時（ご入店）
*但し、麺無くなり次第終了
休 月曜・木曜休み

京都洋食

グリル はせがわ
京都市北区小山下内河原町68
075-491-8835
11時~15時／17時~20時（LO 19時30分）

休 日替わりランチ＆特製ランチは、火曜～金曜のみ

山の家はせがわ

京都市北区鷹峯船水３
075-494-5150
［平日］11時～16時30分（L.O.16時）［土日祝］10時30分～16時（L.O.15時30分）
※12月～2月は11時～
休 火曜休み（火曜が祝日の場合は、翌日の水曜が休み）

いつもの食堂でなごむ

鉄板洋食 鐵

京都市北区大将軍西町113-2
075-465-5010
［ランチ］11時30分～L.O.15時［ディナー］17時30分～L.O.23時
休 不定休

上品な甘さの和三盆、琥珀

鍵善良房　四条本店

京都市東山区祇園町北側264
075-561-1818
［菓子販売］9時30分～18時［喫茶］10時～18時（L.O.17時30分）
休 月曜休み（祝祭日の場合は翌日）

亀末廣

京都市中京区姉小路車屋町東入ル車屋町251
075-221-5110
8時～18時
休 日曜祝日休み

霜月

京都市北区西賀茂鎧ノ木町５
075-491-5556
9時～16時
休 日曜、第1&第3月曜休み

あぶり餅の店には本家と元祖がある

一文字屋和輔

京都市北区紫野今宮町69
075-492-6852
10時～17時
休 水曜休み（1日・15日・祝日の場合は営業で翌日休み）
＊年末など長期休業もあるので要注意

あぶり餅 本家 根元かざりや

京都市北区紫野今宮町96
075-491-9402
10時～17時
休 水曜休み（1日・15日・祝日の場合は営業で翌日休み）年末は12月16日から31日まで休業

『加茂みたらし茶屋』のみたらし団子

加茂みたらし茶屋

京都市左京区下鴨松ノ木町53
075-791-1652
9時30分～19時（L.O.18時）
休 水曜休み（祝日営業）

しずかな宿に泊まる

俵屋旅館

京都市中京区麩屋町通姉小路上ル中白山町278
075-211-5566
［チェックイン］14時［チェックアウト］11時

写真協力
フネカワフネオ photo53.com
photographer Takeki Hayashida

著者略歴

柏井 壽（かしわい・ひさし）

1952年京都府生まれ。大阪歯科大学卒業後、京都で歯科医院を開業するかたわら、京都の魅力を伝えるエッセイや各地の旅行記、京都を舞台とした小説を執筆。テレビ・雑誌で京都特集の監修を務めるなど、「京都のカリスマ案内人」とも称されている。小説にテレビ化もされた「鴨川食堂」シリーズほか、「京都下鴨なぞとき写真帖」シリーズ、『祇園白川 小堀商店 レシピ買います』『海近旅館』など。エッセイに『おひとり京都の愉しみ』『極みのローカルグルメ旅』『極みの京都』『京都の路地裏』ほかベストセラー多数。

SB新書　585

おひとりからのしずかな京都《きょうと》

2022年6月15日　初版第1刷発行
2022年6月23日　初版第2刷発行

著　者　柏井《かしわい》 壽《ひさし》

発行者　小川 淳

発行所　SBクリエイティブ株式会社
〒106-0032　東京都港区六本木2-4-5
電話：03-5549-1201（営業部）

装　幀　杉山健太郎

本文デザイン
DTP　荒井雅美（トモエキコウ）

編集担当　齋藤舞夕

印刷・製本　大日本印刷株式会社

本書をお読みになったご意見・ご感想を下記URL、
または左記QRコードよりお寄せください。

https://isbn2.sbcr.jp/15468/

落丁本、乱丁本は小社営業部にてお取り替えいたします。定価はカバーに記載されております。本書の内容に関するご質問等は、小社学芸書籍編集部まで必ず書面にてご連絡いただきますようお願いいたします。

ISBN 978-4-8156-1546-8